Ferris Culture Series

フェリス・カルチャーシリーズ 6

平和に向けて歩む人々

戦乱の記憶を乗り越えて

寺尾隆吉・馬橋憲男＝編

現代企画室

平和に向けて歩む人々——戦乱の記憶を乗り越えて　目次

平和への願いを込めて――序文にかえて　寺尾隆吉　5
「一人の行動が世界を変えた」　伊藤千尋　9
独裁政権と作家たち
――ラテンアメリカの社会動乱と創作活動　寺尾隆吉　39
ヒロシマの記憶を消さないために
――ジャーナリズムの使命　シルビア・ゴンサーレス　61
東南アジアのグローバル経済化と平和への課題
――フィリピン・草の根の人びとによる
暴力克服への取り組みを中心にして　横山正樹　77

憲法九条と平和構築
——対テロ戦争への国際貢献とは自衛隊を海外に派遣することか？　佐藤安信　95
世界の平和はだれが守るのか
——国連安保理改革を考える　馬橋憲男　119
ジェノサイドと科学
——ホロコーストと「ナチズム体験」を再考する　石田勇治　141
戦争という仕事　内山　節　159
あとがき　馬橋憲男　177
執筆者紹介

平和への願いを込めて――序文にかえて

科学技術の進歩と経済発展にともなって多くの国で生活レベルが着実に上がりつつあるこの現代世界において、今なお戦乱の火は収まる気配を見せていない。平和な日本にいれば肌で感じることは少ないのかもしれないが、イスラエルとパレスチナおよびアラブ諸国の対立、イラクにおける相次ぐ爆弾テロ、コソボ独立をめぐる紛争、ミャンマーの軍事政権、数え切れないほどの社会動乱が各地でくすぶり続けている。戦争、テロリズム、ゲリラ、権威主義的政治体制といった様々な形をとった暴力によって、日々尊い人の命が奪われているという現実に目をつぶるわけにはいかない。戦乱のない社会、恒久平和は可能なのか、あるいはそれは単なるユートピア的幻想にすぎないのか?

個人的な話で恐縮だが、私は二〇〇〇年からの約三年間、最初留学生、後には大学教員としてコロンビアのボゴタに滞在していた。コロンビアにおける内戦と暴力の歴史は長く、多様な要因が絡まりあって問題はさらに複雑化しているが、当時のアンドレス・パストラーナ政権はゲリラ勢力の台頭に対してあまりにも無力で、国中に武力衝突や無差別爆弾テロ、誘拐や暗殺が蔓延っていた。大統領候補だったイングリッド・ベタンクールを筆頭に、日本人二人を含めて多くの要人がゲリラ組織によって誘拐監禁された。発電所などの爆破から国中で停電が相次ぎ、長距離バスでの移動は常に銃撃やバスジャックの危険を伴った。幸い私自身は強盗、スリなどの一般犯罪も含めて危険な目に遭うことはなかったが、それでもよく訪れていたバーに手榴弾が投げ込まれたり、家から数ブロックのところで自動車爆弾が破裂したりということはあった。現在私立女子大の教員として平和な日本の生活を送りながら振り返ってみると、当時は本当に恐怖を感じる瞬間が多かったように思う。

私の専門は文学であり、留学していたときにはラテンアメリカ文学・スペイン言語学を専攻し、ボゴタのアンデス大学でも比較文学講座を担当しただけで、ほとんど政治・社会問題を深く研究したことはなかったが、それでもコロンビアに生きていれば社会における制度的暴力の問題に関心を持たずにはいられなかった。フェリス女学院大学国際交流学部に着任して二年目の二〇〇七年に、本学「横浜市民大学講座」のコーディネーターを任された際、ぜひとも「平和」という問題を扱いたいと思い立ったのもそのためだった。「頭でっかちの学者に何ができるか」、「実際に現場にいない人間に何がわかるのか」、「難しい議論よりも行動が大切」、といった様々な批判がわれわれ研究者には常につきまとうが、それでも何もせずにすべてを放棄する態度は取りたくない。日本にいて、何の政治力も持たない者がいくら議論を重ねても何ら問題解決にはならないと言われればそのとおりだが、少なくとも「平和」という理想について考えることを止めるべきではない、そんな思いがこの講座の出発点だった。

受講者の関心など様々な事情を考慮して、本講座では戦乱そのものではなく、それに抗して平和の実現を目指す力強い人々の活動に注目し、世界各地から様々な事例を取り上げることにした。平和への希望をいかに維持していくのか、平和運動に携わる人々の視点からこれを模索する、というのがその主旨である。当時の国際交流学部長馬橋憲男、本学平和学講座担当の横山正樹の全面協力を得て、極めて博識な講師を招くことができたのは大きな幸運だったと思う。東京大学大学院総合文化研究科の看板講師佐藤安信氏と石田勇次氏、ラテンアメリカの有名ジャーナリストであり日本研究で博士号をとったシルビア・ゴンサーレス氏、ラテンアメリカに関する著作を通して私自身が尊敬していた伊藤千尋氏、本学教員にも大変賛同者の多い哲学者の内山節氏、いずれも難しいテーマを扱いながらわかりやすい言葉で解説し、受講者に重要な論点を提供してくれた。学生から高齢者に至るまで幅広い層の受講者がいたが、いずれの講座も大変好評で、私自身にとっても得るものは多かった。そして今ここにすべての講師の積極的な協力を得て、横浜市民大学講座を本として出版できることは喜びにたえない。多くの人にとってこの本が、「平和」という問題を考えるための、そして何らかの行動をおこすための出発点となれば幸いである。

私のような若造のぶしつけな要求と原稿の催促に寛大に応えて下さった講師の方々、受講者の皆さん、現代企画室の方々、そして献身的に本講座に協力してくれた本学教員・職員、特に生涯学習課の職員にこの場を借りて心からお礼を申し上げたい。

二〇〇八年七月

寺尾隆吉

「一人の行動が世界を変えた」

伊藤千尋（朝日新聞記者）

9・11、イラクと「一人の力」——アメリカ

9・11のテロが起きたそのとき、私はロサンゼルスにいた。ニューヨークとは時差が三時間あるため、ロサンゼルスは朝の六時。赴任したばかりで家も決まっておらずホテルで寝ていた私に、電話がかかってきた。助手からだ。興奮して「テレビ、テレビ」と言っている。話のわからないままにテレビをつけると、ビルが燃えていた。どうして朝早くに叩き起こされて劇映画など見なくてはならないのかと思ったが、すぐさまこれはテロだと気付き、慌てて身支度して支局に向かった。

それからの一ヵ月間、あまりの忙しさに自分が何をしていたのかほとんど思い出せない。ただ、その日のロサンゼルスの光景はよく覚えている。中心街はゴーストタウンと化していた。東海岸最大の都市を襲ったテロが、同じ日に西海岸の中心であるロサンゼルスでも起きるというデマが広がっていたのである。ロサンゼルスで一番背の高いビルというのが、朝日新聞ロサンゼルス支局の目の前にある。そこに飛行機が突っ込むらしい、というのだ。日本で言えば銀座のような、いつでも人また人と

いう地区なのに、誰一人出勤してこない。不気味な光景だった。

　次第に、テレビの画面が変わって来る。アメリカのマスコミがすごいのは、テレビで真面目な討論番組が結構あるところだ。テロが起きた日も番組で、司会者が百人ほどの聴衆を後ろにして問うていた。「今日、私たちの国はテロを受けました。これについてあなたはどう思いますか」。それに対して聴衆が答えるのだが、驚いたことに多くの人が次のような意見を表明したのだ。「私たちは反省しなければいけない。自分たちがテロ攻撃を受けるのには、それなりの理由がある。アメリカはよその国に対して変なことをやってきた。それが今、テロとなって跳ね返ってきている」

　番組を見ながら私は、「この国にもまともな人たちがずいぶんいるのだな」と思っていた。しかし、それもほんの二、三日のことだった。そのような意見は聴かれなくなり、われわれは被害者だから報復しようという話ばかりになった。やがてそれも出てこなくなり、一日中「ゴッド・ブレス・アメリカ」の歌ばかり流れるようになった。アメリカの応援歌である。朝から晩まで、この歌をいろんな人が入れ替わり立ち替わり歌い上げ、その後ろには星条旗がはためく。街では行き交う車が星条旗の小旗をなびかせ、あらゆるビルが窓から大きな国旗を垂らす。国中が愛国心の塊と化す光景と、先ほどの討論番組とのギャップがあまりにも大きく、アメリカほどの国でもこれほどまでにガラッと変わってしまうのだなと私は驚いた。民主主義がテロ一発で壊れてしまったのだ。

　アメリカ中が愛国心に染まる間、さまざまな法律が作られた。その一つが「反テロ愛国法」である。国のどこに潜んでいるかわからないテロリストを捜しやすくするために、警察が勝手に電話を盗聴できるという法案だ。民主主義、人権を重んじる普段のアメリカなら絶対に通らない法律である。さらに、テロを起こした相手に対して戦争を仕掛ける権限を大統領にゆだねる、という決議まであっという間に通ってしまった。戦争を起こすのに大統領一人の意思だけでいい、などという法律は今まであったことがない。それまできわめて評判の悪かったブッシュ大統領の支持率は、一気に70%を超えた。民主党の議員ですら、とにかく今はブッシュ大統領を中心に団結しようという雰囲気になった。

こうしてアフガン戦争、イラク戦争が国民の熱狂に支持されておこなわれた。しかし、全員がその動きに同調したわけではない。流れに抵抗しなければいけない、変えなければいけないと言う人もいた。大統領への戦争権限付与の決議の際にも、たった一人だけ反対を表明した人がいる。民主党の黒人女性下院議員、バーバラ・リーは、上院・下院を通じてたった一人だけ反対をつらぬいた。当然彼女はひどいバッシングを受けた。非国民と言われ、カリフォルニア州オークランドにある彼女の事務所は連日、電話、手紙、メール、あるいは直接押しかける人たちであふれた。議員をやめろというものから、アメリカから出て行け、国籍を剥奪せよ、死ね、という過激な強迫まであった。そして、そのような仕打ちも当然という雰囲気だった。数年前イラクで三人の日本人の若者が捕まったときも国中がバッシングに包まれたが、バーバラ・リーの場合はアメリカの議員が、テロの直後、たった一人で受けたものである。迫害の強さは並のものではなかった。

バーバラ・リーはその翌年に選挙を控えていた。それには絶対当選しないどころか立候補すらできないだろうと言われた。しかしそんな中、彼女は引っ込むどころか逆に人前に堂々と出て行ったのである。殴られても、下手をすれば殺されてもおかしくない状況の中、彼女は自分がなぜ反対の一票を投じたかを有権者に説明して回ったのだ。

私も、ロサンゼルスで開かれた集会を聴きに行った。一様に険悪な表情をした二百人ほどの参加者を前に、彼女は訥々と語り始めた。あの投票の日、自分が何をしたのかを。

その日彼女は、議会の自分の部屋にこもり、合衆国憲法を読みなおした。「憲法は議員と議会に対し何を求めているか」という観点から。憲法には当然、議員・議会の役割は三権分立の一環として「行政を見張ること」とあった。そのとき彼女が思い起こしたのは、ベトナム戦争であった。

収拾不能なまでに戦線拡大・泥沼化し、五万八千人のアメリカ人、そしてはるかに多くのベトナム人の命を奪ったベトナム戦争は、アメリカ大統領の嘘から始まった。初期は大きな戦争でもなかったベトナム戦争が米軍の介入によりエスカレートするきっかけとなったのがトンキン湾事件である。当時ベトナムに駐留していた米海軍の軍艦に対して北ベトナム側が発砲したとされたこの事件こそ、北爆の口実であった。ところが戦争末期になって、トンキン湾事件はでっち上げだったことがニューヨーク・タイムズのすっぱ抜きで判明したのである。アメリカ大統領が戦争を拡大したいがために嘘をつき、多くの若者が命を落としたのだ。このスクープが発端となってアメリカ国内で反戦運動が盛り上がり、ついに戦争は終結した。

そんなことがつい最近あったではないか。議会は、大統領一人にすべてを任せてはいけないのだ。監視する役割をわれわれが果たさねばならないのだ。そう確信した彼女は、読んでいた憲法の本を閉じて議場に向かい、自らの一票を投じた。彼女がこのようなことを話し続けるうち、私の周りではうなずきながら耳を傾ける人が一人、また一人と増え、最後には拍手が起こったのである。

一番後ろで聴いていた私は、講演が終わると同時に前の演壇まで駆けつけ、即席インタビューをした。「なぜ反対の一票を投じたかは、今のお話でよくわかった。しかし、わからないことがある。当然バッシングも予想され、来年の選挙で落ちるかもしれないとわかっている、それなのに、なぜあなたはそんな勇気ある行動に踏み切ったのかということだ。あなたの勇気の源は何なのか」

彼女は身を乗り出して、こう答えた。「自分はあなたたちと同じで、特段勇気のある人間ではない。しかし自分がそのとき考えたのは、勇気を出すということではない。責任を果たすということ、それしか頭になかった。そしてこの場合、反対することが責任を果たすことだった。私は自分の信念のままに行動しただけなのです」

やはり訥々と語る彼女の姿を見て、私はやはりこの人は勇気のある人だなとの思いを新たにした。普通の人なら間違いなく躊躇するだろう。現に大多数の人はそうしたのだから。横に並んでみると身長百六十センチもないこの華奢な女性が、全米を敵にしてまで反対の一票を投じたのかと思いながら、私は彼女の姿に崇高なものを感じたのだった。

バーバラ・リーはその後も迫害に耐えながら説明集会を重ねた。三ヵ月で彼女の支持者と反対者の割合はイーブンになり、それ以降は賛成派が上回るようになった。そして翌年の選挙、彼女は80％以上の得票率で圧勝する。これまで彼女がそんな得票率を獲得したことはなかった。つまり、以前は彼女に反対していた人たちまでが彼女に投票したのだ。ほんの一年前では考えられないことである。

自分が正しいと思ったら、今の状況に惑わされずに自分の思っていることを訴えて回る。それによって変わるのは自分でなく、相手、社会の方だ。そのとき、イデオロギーや宗教では社会を変えることはできない。バーバラ・リーが基づいていたのはアメリカ合衆国憲法であった。つまりみんながそれに根付いているべきルールである。私たちのいる社会のルールはこういうものなのだ、それにもとづいて私はこうしたんだ、ということをきちんと説明すれば、相手は変わる。要は自分の信念がどこまで続くかである。

アメリカの社会は変わった。二〇〇六年一一月の中間選挙でブッシュの共和党は歴史的大敗を喫したが、それはアメリカの世論が変わったからである。アフガニスタンの、そしてイラクの爆撃は正しかったのか。最初はほとんどみんな正しいと思っていた、いや思わされていたが、五年のちの世論はまったく逆を示した。このきっかけは何なのか。

確かにイラク戦争で沢山の人が死んでいるが、死者三千人、四千人というレベルでは社会は変わらない。ベトナム戦争で世論が変わったのは、イラク戦争の比ではない何万という死者数が出てからの話である。流れが「変わった」のではない、バーバラ・リーのように流れを「変えた」人がいたのだ。そして、彼女だけがいたわけではない。

最愛の息子をイラク戦争で失ったシンディ・シーハンさんという女性は、息子の死に納得できなかったばかりか、なおかつそれを行動で示した。ブッシュが夏休みを過ごしていたテキサスの牧場に、彼女は一人で赴いたのだ。戦争中であろうと構いなく長い休暇を過ごす歴代大統領の例に漏れず実家に帰省していたブッシュに、シーハンさんは柵の外からこう問いかけた。「大統領、教えてください。私の息子は何のために死んだのですか。あなたが言うように世界の民主主義のためか、イラクの人々のためか。それとも本当はアメリカの石油のためなのか。自分は戦死した兵士の母だ。あなたは私の息子にイラクへ行けと命じた軍の最高司令官である。それならば私はあなたに問う権利があり、あなたは答える義務がある」

これに対して、ブッシュは一言も答えなかった。しかし、彼女の訴えに共鳴する人たちがアメリカ中からそこにやってきて、いっしょに座り込んだ。この行動は大きなうねりを呼び起こし、数ヵ月後にはワシントンで十万人の集会が開かれるにいたったのである。

これらの行動が、五年後の世論の変化につながった。世論は変わったのではない、変えたのだ。そして、すべては一人の人間から始まったのである。バーバラ・リーにせよ、シーハンさんにせよ、自分の信念をつらぬいて、たとえ怖くても周りに訴える努力を続けた。それがなければ、アメリカの社会は変わることがなかったろう。

ヴァーツラフ広場のＶサイン――チェコ

一人の力というと、他にも思い当たる話がある。

東欧革命を覚えておいでだろうか。一九八九年のベルリンの壁崩壊以降、東ヨーロッパの社会主義政権は軒並み崩壊した。当時雑誌『ＡＥＲＡ』の記者であった私は、現地取材に赴いた。ベルリンの壁を訪れた後、まだ革命前夜のチェコへと向かった。革命が起こったのはその取材のさなかであった。革命の勝利を祝う集会へと私が足を運んだのは、忘れもしない一九八九年一二月一〇日のことである。見るからに歴史を感じさせるプラハの美しい石造りの街並みの中心に、ヴァーツラフ広場という場所がある。そこになんと三十万人もの人が駆けつけ、革命勝利集会が開かれた。地下鉄の駅からすでに人がひしめき合っていて、押し分けかき分け地上に出てはみたのだが、人波で前が見えない。仕方がないので地下鉄の出口の屋根にのぼって見渡してみると、広場に面したビルの四階にバルコニーがあり、マイクがたくさん置かれている。きっと政治家たちが勝利宣言でもするのだろうと思った。

午後二時になってそのバルコニーに出てきたのは、一人の女性だった。半袖のひらひらしたドレスをまとったその女性は、いきなり歌を歌いだした。長い歌だった。零下十度の冷気の中、私はといえばロシア人がかぶっているような大きな帽子をかぶり、手はかじかんでメモもままならない。これは何だろうと思いながらさっぱりわからないチェコ語の歌を聴き、周りに視線を向けると、三十万人の人たちが一斉に右手の手袋をとり、零下十度の寒空にVサインを高々と掲げたのである。スラブ系特有の抜けるように白い肌が寒さのせいでだんだんとピンクに染まっていくのだが、それでも彼らはVサインを下ろそうとしない。

傍にいた通訳の人にたずねた。あの歌手は誰なのか、なぜ彼らはVサインを掲げているのか。通訳の女性は言った。「あの人は、二十年の間歌うことを禁じられてきた元歌手です」。私はすぐさま頭の中で計算した。一九八九年の二十年前、一九六九年。その前年は一九六八年。「プラハの春」の年である。社会主義体制でありながらより自由な社会を目指そうとしたドプチェク政権の改革運動が、ワルシャワ条約機構の盟主であったソ連の軍隊によって、力づくで、暴力で潰された一九六八年。それ以降、親ソ政権の敷かれたチェコは、ふたたび物の言えない社会に戻ってしまった。

多くのチェコ人が、長い物には巻かれろと新たな体制にしたがった。しかし反対の声を挙げた人たちもいた。その一人が彼女だったのだ。マルタ・クビショヴァ、当時二十七歳。最高の歌手に与えられる「金のヒバリ賞」を二度受賞した、チェコで最も有名な歌手であった。年齢も若くこれからがまさに上り坂という彼女が、ステージの前、聴衆にこう言ったのだ。「みなさん、おかしいと思いませんか。いくら同盟国とはいえ、よその国がやってきて私たちの政府を力で潰し、それに私たちが従わなければならないのでしょうか」。新政権はクビショヴァに警告した。「歌手は歌だけ歌っていればいい。政治の批判などするな」

それでも彼女は批判をやめなかった。翌年、政府は最後通告を突き付けた。これ以上政府批判を繰り返すのなら、二度とステージで歌えず、レコードも吹き込めなくしてやるぞと脅した。彼女は悩んだ。あくまでも信念をつらぬく気持ちと、活動を禁止されてしまえば生活できなくなるばかりか信念を表明する手段すら失われてしまうという恐れの間を揺れ動いたクビショヴァは、それでも政府を弾劾した。結果、彼女はチェコ中のステージとレコード会社から閉め出されることとなったのだ。しばらくは貯金でなんとか食いつないでいたが、それも長くはもたない。職を探してあちこちを訪ねるが、政府ににらまれている彼女を雇ってくれる所など当然あるはずもなく、ようやく小さなオフィスのコピー取りの仕事にありつく。そのような窮状にもかかわらず、彼女は口を閉ざすことをしなかった。そんな人が、今、群衆の前で歌っているのだ。

二十年近く経って、もはや彼女を覚えているのは年配の人しかいない。さらに彼女は髪も白くなり、顔も変わってしまっている。しかし、声でわかる。歌の内容でわかる。きっと群衆の中の一人が、「あの人だ、マルタ・クビショヴァだ」と気付いたのだろう。そして周りにいる若者たちに、彼女がどういう人であるか説明したのだろう。最初に誰かが手袋を外して、Vサインを掲げた。それがあっという間に三十万人に広がった。こんなに美しいVサインは、長い記者生活の中でも見たことがなかった。

私の隣にいた老齢の婦人も、ぼろぼろ涙を流しながらVサインをしている。その隣に立つ三十代とみられる男性も、二時間続いた集会の間中ずっと五、六歳ほどの男の子を肩車して、泣きながらVサインをしている。

集会が終わって、その肩車の男性に聞いてみた。Vサインの意味と、なぜずっと肩車を続けていたのかを。チェコ・フィルハーモニーの団員と名乗る彼は、こう語った。

「昨日までのチェコ社会では政府の言うことがすべてで、違う言葉をしゃべることを許されなかった。自分を含め誰もが、家庭内でのみ打ち明けられる本音と、外の社会で固く守らなければならない建前との使い分けを強いられてきた。苦しくてしょうがなかった。でも今日、この今日からは、誰の前でも本音を言っていい。二十年間歌うことを禁じられてきたあの人の歌を聴くことで、それがまざまざと理解できた。自由な社会がついに訪れたのだ、その喜びを表明するためにVサインをした。そして新しい自由な社会になったということを、息子の目に焼き付けさせたかった。それが肩車の理由だ」

新しい政府の大統領ヴァーツラフ・ハヴェルは、反政府デモを組織していたNGOの代表であった。ハヴェルはもともと劇作家、文学者である。日本でいえば、「ベ平連（ベトナムに平和を!市民連合）」の小田実がいきなり首相になるようなものだ。そんな素人に政治のトップが務まるのかとの視線の中、ハヴェル政権は十年以上も続いた。つい最近も一年で辞任した首相のいる日本では考えられない。内閣を構成する閣僚たちも、反政府運動に従事していた在野の人間、その多くは芸術家であった。そんな政権が、目の前に実現したのだ。

「愛される権利」——コスタリカ

イラク戦争が起きた二〇〇三年三月、ブッシュ大統領は世界の首脳に呼びかけた。「テロとの闘いに賛成するか反対するか、はっきりしろ」

両手を上げて大賛成したのが日本の小泉首相であった。すると、ホワイトハウスのホームページに「日本はアメリカの有志連合国だ」という文句が載ったのである。

同じ時期、中米のコスタリカという小さな国の大統領もまた賛成の意を表明した。やはり「コスタリカはアメリカの有志連合国である」という文句がホームページに出る。それに対して、コスタリカの大学四年生が、おかしいじゃないかと考えた。コスタリカは日本と同じく、平和憲法を持っている。世界の歴史の中で、軍隊の廃止を明記した平和憲法は日本が最初、コスタリカが二番目だ。ただし日本の平和憲法が占領という事情から作られたのに対して、コスタリカは国民が自分たちで作り上げたものである。そういう意味では世界初と言っていい。その平和憲法を持っている国の大統領が、よその国の戦争を支持する。これは憲法違反ではないのか、この大学生はそう考えた。

名前をロベルト・サモラ君というその大学生は、考えただけでなく、たった一人で行動に出た。大統領の意思表明から二週間後、彼は大統領を憲法違反で訴えたのである。驚くべきはその一年半後、二〇〇四年九月に下された判決である。結果は彼の全面勝訴だった。

私は判決文に目を通した。二項目からなる短いもので、一つ目の項目にはこうある。わが国は平和憲法を持っている。そのコスタリカの大統領が他国の戦争を支持することは憲法違反であり、ありえないことである。よって、大統領のアメリカ支持発言はなかったものとする。また二つ目はこうだ。

大統領の発言がなかったものである以上、ホワイトハウスのホームページに掲載されている「コスタリカはアメリカの有志連合国である」という表現はおかしい、したがってコスタリカの大統領はすぐさまホワイトハウスに電話し、ホームページからコスタリカの名前を削除させよ、というのである。判決を受けたコスタリカ大統領は、まず謝罪した。「よその国の戦争に賛成したのではなく、テロとの戦争には賛成するという意味で言ったのだ」という弁明つきではあったが、ともかく彼は即座にホワイトハウスに連絡を取り、実際に文面を削除させたのだった。

私はすぐさまその大学生にメールを打った。メールのおかげで、今は地球の反対側とも簡単に通信できる。五項目からなる質問の中で、こう聞いた。「大学生が大統領を憲法違反で訴えるなんて、すごいですね？」彼の返信はその日のうちに来た。「コスタリカでは小学生だって憲法違反の訴訟を起こす。大学生が訴訟を起こして何が不思議なのか」

小学生もという言葉に私はびっくりしたが、そういえばと思い出した。一九八四年からコスタリカについて取材をしてきた中で、確かにそういう事例があったはずだ。古いメモ帳を引っ張りだしてみたら、やはりあった。コスタリカにおける憲法違反訴訟の最低年齢記録は、八歳。小学校二年生だ。

同年齢の日本の小学生ならば、そもそも憲法を知らない。たとえ知っていても、訴えるための手段、弁護士費用、訴状の書き方などの問題がある。日本では絶対に考えられない小学生による憲法違反訴訟がコスタリカでは現実におこなわれ、しかも勝っている。その内容は次のようなものだ。原告の少年が放課後にボールを蹴って遊んでいたところ、校庭のすぐそばにある川に落っこちて怪我をした。校庭と川の間には柵がなかった。これは自分たちの安全が守られていないということだ。このような理由で国家を相手取って違憲訴訟が起こされ、少年が勝ってしまったのだ。

取材した当初は「ふむ、そんなこともあるのか」としか思わなかったのだが、後日ロベルト君を日本に呼んで各地で講演会をおこなってもらったとき、私は直接たずねてみた。「年端もいかない子どもに、なぜそんなことができるのか」、と。

ロベルト君はこう答えた。「なにも小学生が憲法の全文を知っているわけではないけれども、コスタリカでは小学校に入るときに必ず習う言葉がある。『人は誰も、愛される権利がある』という言葉です」。人は誰も、愛される権利がある。つまり基本的人権のわかりやすい言い換えではないか。ロベルト君は続ける。「愛されていないと思ったら、社会を変えることができるということも習うのです」

一年間に三万人の人が自殺する日本で、人は愛されているだろうか。もちろんコスタリカですべての人が愛されているわけではないが、人には愛される権利があるという言葉をすべての子供が学ぶのである。同時に、愛されていないと思ったらどうすればいいかということも。八歳の少年は柵のない校庭に、「子どもがサッカー中に怪我してもいいと思っている社会」を感じ取り、行動を起こしたのだ。

具体的な訴訟の仕方を知るため、そのケースについてロベルト君に、根掘り葉掘り質問してみた。訴えは電話一本でもできる。「もしもし、憲法違反ですよ」の一言だけで憲法裁判所という所から調査官が派遣され、電話の主に詳しい話を聞いたのち当人の意思を確認し、それで訴訟になる。訴状の文面も「ちょろちょろでいい」という。ちょろちょろと言われてもという感じだが、今まで一番「ちょろちょろ」だった例は、ビール瓶のラベルを剥がしてその裏に書き付けたもの、あるいは葉っぱの裏に書いたものだという。確かに面積的にちょろちょろ書く以外ないではないか。それには三つのことさえ書いてあればいいという。「名前」、「連絡先」、「何が不満なのか」。これなら小学校二年生でも書ける。弁護士費用は国の負担となる。なぜなら憲法違反の訴訟をどんどん起こしてもらうこと——たとえば八歳の少年の訴えによって校庭と川の間に柵ができること——によって社会がよくなるのだから。違憲訴訟を起こすことは社会を良くする行為なのだ。

コスタリカの憲法裁判所を訪ねたおり、日本の訴訟では原告が費用を負担し、難しい訴状を自分で作成しなければならないため、弁護士を頼むなど膨大な費用がかかると説明すると、職員は目を丸くした。「そんなことでは、貧しい人が訴えを起こすことができないではないですか」

私はこれを聞いて、目から鱗が落ちる思いがした。日本のような仕組みは決して常識ではなく、まったく逆の発想で、みんなの力で社会を造る国もあるのだ。しかし、小学生まで簡単に訴訟が起こせるとなると、訴訟社会に陥る危険はないのか。コスタリカでは一年に一万二千件の違憲訴訟があるという。さばききれなくなって、たとえば十年係争するような件も出てくるのではないかと思ったら、普通どの件も一年から一年半で判決が出るという。ロベルト君のケースも一年半だった。そして、大量の訴訟に備えて裁判官や公務員の数を増やしているのだという。職員がこれしかいないのだから訴訟を起こすな、起こすのなら十年間は覚悟しろと言わんばかりの、お上主体の日本とは制度からして正反対だ。

大統領を訴えたロベルト君の勇気ある行動も立派だが、それを制度として根付かせることこそが大切なのだと、私はコスタリカの取材で学んだ。コスタリカの平和憲法の根幹には、「平和の基礎は一人の人間である。一人の平和なくして社会の平和はない。たった一人でも安心でいられない社会は平和ではない。そういう国を目指そう」という思いがある。だからこそ小学校一年生になったその日に、彼らは基本的人権、つまりあなたも、隣に座っているクラスメートも、誰もが生まれた瞬間から持っている「愛される権利」を教わるのである。

母親たちの三十年――アルゼンチン

つい先々週まで、取材旅行でアメリカ、アルゼンチン、キューバと回った。キューバでは死後四十周年になるチェ・ゲバラを取材したが、その前に、日本と地球のちょうど反対側となるアルゼンチンに向かった。十二時間かけてアメリカに着き、そこからさらに十六時間半かけて首都ブエノスアイレスにたどり着く、遠い国だ。

ブエノスアイレスの大統領官邸前にある五月広場で、毎週木曜の午後になると年とった女性たちが沈黙のデモ行進をおこなっている。一九七七年以来の三十年間、一週たりとも欠かさず続けられてきたそのデモ行進を取材した。

そのデモを初めて取材したのは一九八四、八五年頃のことで、今回でもう五度目になるだろうか。最初の取材の頃はしゃんとして若々しかった参加者たちは、今では髪もすっかり白くなり、腰は曲がっている。中にはもう歩けない人もいる。それでも彼女たちはデモ行進をやめない。

一九七〇年代のアルゼンチンは、ほとんど内戦といっていいような状態に置かれていた。軍事政権は自分たちに反対する人を片端から捕まえては拷問し、殺した。四千人以上ともいわれる被害者の正確な数は、いまだに判明していない。家族全員が皆殺しにあったために、誰が死んだかわからないというケースが多数あるからだが、生きのびた人たちの証言から何が起きたのかを知ることはできる。

軍政に反対する市民の家に、七、八人の軍人が鉄砲をもって真夜中に押し入る。家の人たちを叩き起こして縛り上げ、頭に袋をかぶせて見えないようにしてから、家の中を物色して金目のものを奪う。そののちに反政府的と思われる目当ての人物を連行して、海軍の基地で拷問し、最後には殺す。殺し方も、収監されている他の人たちにもわざわざ銃声が聞こえるように銃殺するのだ。さらには飛行機に乗せて、生きたまま海に放り落とすというもっと残虐な方法もあった。現に実行した軍人がそれを証言している。軍隊という組織の性質上、兵隊は上官の意志に従わざるをえない。さらに国家に反逆するものは敵だと叩き込まれているから、同じ国民を飛行機から突き落とすことも平気でやってのける。こいつらは悪だ、こいつらを殺すことが国家のためになるのだ、彼らはこう信じていたのだ。

市民は何も言えず、何もできなかった。口を開けば殺されるからだ。ある日突然知人が行方不明になった。あるいは隣の家のドアをノックしても誰も出てこない。あるいは夫がどこかに連れ去られた。しかし何が起きたのかわからない。

そのとき、母親たちが立ち上がった。自分の愛する人たちはどこに行ってしまったのか。軍に行ってもだめ、警察も市役所も何も調べてくれない中を、半狂乱になって駆けずり回りながらも、あきらめない何人かの母親がいた。最初は十四人だった。一九七七年、大統領官邸前の広場で、その十四人の母親たちは無言のデモ行進をはじめた。消えた夫、あるいは子どもたちの顔写真を首から下げ、頭に「五月広場の母たち」としじゅうした白いネッカチーフをかぶって。沈黙を守ったまま広場を、輪を描くように歩くその光景は、それだけにかえって迫力を感じさせた。

民主化後に政府が調査委員会を設置してだんだんと真相がわかってきてはいるものの、いまだに消息不明の事例は多い。無名墓地の中にひしめくように積み重なった遺骨のＤＮＡ鑑定で被害者の身元が確認されたなどという出来事が、今もニュースになる。夫が連れ去られたと口にすること自体が身の危険につながったあの時代から三十年が過ぎた今にいたるまでずっと、母親たちは、「わたしの夫は、息子は、娘はどこへ行ってしまったんだ、教えてくれ、私は知りたい」という意思表示として無言のデモ行進をおこなっているのだ。

つい二週間前の木曜日のデモ行進の場に行った。実際にデモをやっているのは五十名ほどだったが、その後ろを百五十人ほどの支援者たちが一緒になって歩いている。のちに成立した民主政権は、根掘り葉掘り追求しすぎることによってふたたびクーデターが起きるのを恐れ、軍事政権の悪はもう水に流すという法律を作ったが、これにも五月広場の母たちが立ちはだかった。忘れることは許されない。軍事政権が連れ去った人々の行方は、最後の一人まで明らかにしなければいけない。彼女たちの訴えによって、いったん決まったその法律は破棄された。責任者の軍人たちは裁判にかけられ、いまだに係争中である。けじめをつけなければ、また同じことが繰り返される。母親たちは、軍政時代から身をもってそのことを主張してきたのである。

自分なりに抵抗すること——チリ

もう一つ中南米の例を挙げたい。アルゼンチンの隣に、チリという国がある。私が特派員として中南米に滞在していた当時、チリはピノチェト大統領の軍事独裁政権下にあった。一九七三年にクーデターによって権力を掌握し、一九九〇年まで大統領を務めたピノチェトの前に、アジェンデという大統領がいた。一九七〇年に発足し、「選挙によってできた社会主義政権」として当時話題をふりまいたアジェンデ政権は、その三年後、クーデターの前に倒れる。一九七三年、九月一一日のことである。チリにおいて「9・11」とは、ピノチェトのクーデターの日付にほかならない。だから二〇〇一年九月一一日、テロを起こされたと騒ぐアメリカ人を目の当たりにしてチリの人々は鼻白んだ。何を言っているのだ。最初に九月一一日にテロを受けたのはわれわれだ。しかも裏で糸を引いていたのは、ほかならぬアメリカのCIAではないか。あのときのわれわれにとっては、アメリカこそがテロリストだったのだ。チリの人々は、アメリカに対してこう言い放った。今のアメリカ中心の世界で、私たちはアメリカに追随しがちである。アメリカが悲しめばともに悲しむ、というように。しかしそれ以前にアメリカによって悲劇を引き起こされた国々は、アメリカがしてきたことを絶対に忘れないのだ。

CIAのお膳立てによるピノチェト将軍のクーデター直後、やはり多くの人が殺された。一説には三万人といわれるが、これも人数ははっきりしない。私がはじめてチリに行ったのはすでに軍政誕生から十年以上が経過した頃で、反政府民主化運動が起きていた。それを取材に行ったのだ。軍事政権の下での反軍政運動である。戦時中の日本で、反軍政、反天皇制のデモなどまず考えられない。しかしそういうことをやるというので駆けつけたのだ。

九月四日、寒い日だった。首都サンティアゴ市の中心部にあるアルマス広場、そこに面した大聖堂の前で正午から集会があると聞いた私は、三十分前に広場に行った。ところが、見えるのは何の変哲もないのどかな光景である。広場があり、鳩がいて、ベンチで新聞を読むおじいさんと鳩に餌をやるおばあさん。隣のベンチでは若いカップルがいちゃついている。反政府運動の告知は、新聞やテレビでは一切流れない。私が得たのも口伝ての情報である。ガセネタだったのかなあ、と思った矢先、正午を告げる大聖堂の鐘が鳴り響いた。

その途端、新聞を読んでいたおじいさんが新聞を投げ捨て、「民主主義万歳！」と叫んだ。隣のおばあさんは、鳩の餌が入っていた紙袋から豆でなく紙吹雪を取り出し、「民主主義の回復を！」などと叫びながら紙吹雪をまき散らし、隣のカップルは立ち上がって「ピノチェトは去れ！」と大声を上げた。非合法の集会だから、最初から集まっていたら捕まってしまう。だから時間がくるまで、彼らは普通の市民を装っていたのだ。

その間にも人数は増え、いつしか二、三百人の集まりになっていた。そうして集会が始まった。当時野党の社会党の大物で、民主化ののちに大統領を務めることになるラゴス議員が出てきて、軍政打倒を呼びかける演説をぶっていたそのとき、上空に軍のヘリコプターが現れた。さらに広場の両側から放水車がやってきて、容赦なく人々に冷水をかけた。チリの放水車は水の中に催涙ガスを混ぜており、女性が体内にこの水を取り入れたら子どもの産めない体になると言われたほど毒性の強いものだ。最初にその毒水を浴びたのが報道陣であった。首から下げていた私のニコンのカメラがまともに直撃をくらい、あまりの威力に私はカメラごと石畳に叩きつけられた。隣にいた外国のカメラクルーは水圧で地面を転がったほどで、彼らのカメラは使い物にならなくなっていた。そうやって報道陣の機材を台無しにしておいてから、集会の人々に水を浴びせかけだしたのである。

放水だけではない。すでに広場の四隅には警察軍が集合していた。チリでは陸海空だけでなく、警察も軍隊である。警察軍の兵士たちはカービン銃を水平に構えて襲いかかった。さすがに外国の報道陣の前で銃を乱射するわけにはいかないらしく、棍棒で市民の頭をめった打ちにした。頭から血を流して倒れているその人の髪をつかみ、そのまま車に引きずっていった。軍政の中で反政府集会をやれば捕まってしまう。捕まれば拷問される、暴行を受けると人々は当然わかっていた。わかっていても彼らは集まったのである。

しかし、これで終わりというわけではなかった。目の前の市民が次々逮捕されていく中で、集会に参加するほどの勇気がなかった人たちが、広場の向こうからパン、パンと応援するような手拍子を送ってきた。彼らは口々にスローガンを叫んだ。「パン・トラバホ・フスティシア・イ・リベルター」、つまり「パン、仕事、正義、そして自由」

手拍子とかけ声が、石畳の街中にこだました。彼らは広場から百メートルほど離れた場所にいたが、捕まってもいいと言い切るだけの勇気はなくても、何かを主張したいと考えた人たちが手拍子とかけ声をもって応じたのである。さっきまで広場を蹂躙していた警察官たちは、今度は彼らの方へ走っていく。私も彼らの中に入って警官に追いかけられた。警官が追う。それが一日中続いた。

抗議はまだ続く。その日の夜九時、夜間外出禁止令の出された街中にカンカンという音が響く。主婦たちが鍋を叩いて抗議しているのである。集会まで出ていく勇気も、街頭で手を叩く勇気もない。でも自宅で鍋を叩くことはできる。自信のある主婦は窓を開け放って、あまり自信のない人は細めに開けて、まったく自信のない人は閉めきった室内で。叩くという行為によって、カンカンという音が街のいたる所から聞こえ、それによって「ああ、政府に反対しているのは自分だけじゃないんだ」と心強くなるのだ。カンカンという音は、だんだんと強くなっていった。

あるいはこういうこともあった。ホテルで夜を明かし、朝食をとりにレストランに行く。そうするとボーイが朝飯を運んでくるのだが、耳をこらすと何かをハミングしている。ベートーベンの「第九」歓喜の歌だ。そのときはずいぶん陽気なやつだとしか思わなかった。昼間。取材先へ赴くために乗ったタクシーの運転手も第九を歌っている。今日は第九をよく聞くなと思ったら、夜には街頭の露店でオカリナ（土笛）を売る若者が、オカリナで第九を吹いた。なぜ、今日はこんなにも第九を耳にするのかと彼に問うと、第九が反軍政を象徴するプロテスト・ソングになっているのだという。それで朝からこんなに「歓喜の歌」ばかり聞こえていたのか、と納得した。

軍事政権のような強権体制の中にいれば、人はどうしても沈黙してしまう。しかし黙ってしまうことが一番いけないのだ。反対運動に身を投じるのは大変だから、やる勇気のある人がやればいい。しかし、運動をやれない人でも、最低限の意思表示はする、あるいは自分に言い聞かせるように何か行動することが必要なのだ。たとえば夜に鍋を叩く。その次は街頭で遠くから手を叩く。一人一人が自分の意志を何らかの行動に移す、その塊が社会を変えていくのである。

当時のことで一つ思い出がある。反政府運動がどんどん広がって、これ以上放っておいたら社会が混乱してしまうということで、戒厳令が長く布かれたことがあった。取材に行くと、街中に戦車が出ており、首都の主要な四つ辻では完全武装した兵士が自動小銃を水平に抱えて立っている。デモなど考えられない状況であった。

そんな中なのに、兵士が自動小銃を構えて立っている脇に売店があって、のぞいてみたら雑誌を売っている。その表紙を見て私は驚いた。「軍政打倒」と書いてあるのだ。戦時中の日本で「天皇制打倒」などと書いてある雑誌を売っているようなものだ。買ってペラペラとめくってみると、今までにおこなわれたデモの写真が載っている。新聞もテレビも一切報道しなかったことが雑誌に載っていて、しかも売られているのである。雑誌の後ろを見ると、編集部の住所が書いてある。早速訪問して編集長にお話をうかがいたいとお願いしたところ、「編集長は捕まって牢屋にいます」と言われた。他にお話をしていただける人はいないかとさらに聞いたところ、副編集長のモンケベルクさんという女性が出てきた。五人の子持ちだという。さっそく質問した。「あなた方の雑誌を拝見し、びっくりしました。軍政下でなぜこのような雑誌が出せるのですか」

彼女は答えた。「チリ共和国憲法は、『チリは民主主義国である』と謳っています。民主主義国であれば表現の自由がある。どんな内容の雑誌でも出版していいはずだと主張するのです。私たちは憲法を盾にとって闘っています」

憲法を盾にとられては、軍政にも手が付けられない。なぜならその憲法は、軍事政権がクーデター後に自分たちの手で作ったものだからだ。一九七三年の段階ですでに、いかに軍事政権が作った憲法といえども「この国は民主主義共和国である」という文句を入れざるをえないまでに人類の歴史は発展していた。その憲法を逆手にとって、彼らはその雑誌を発行していたのである。発行されるや否や、政府は行政の権限で雑誌を回収する。しかし発行されてから回収されるその短い間、雑誌は店に並ぶのである。その間に人々が買いに押し寄せるのだ。

しかし、このような思い切ったことをやっては、まず無事ではすまないだろう。編集長が牢屋でどうしているか聞いた私に、モンケベルクさんはこう言った。「編集長は今、牢屋の中で、差し入れられたタイプライターを使って次の反軍政記事を書いています」。タイプライターを軍事政権に差し入れさせるなどということが、なぜ可能なのか。モンケベルクさんが説明する。「先ほど言った、チリ憲法です」

民主主義国家ならば、牢屋への差し入れの自由もあるはず。これを盾にとる。弁護士を通じて裁判所に申し立てれば、軍事政権下といえども裁判所は認めざるをえない。牢屋の中で書いた記事が、次の号に載るのである。そんなことが繰り返されていたのだ。

チリのジャーナリストは闘っていた。日本のジャーナリストは、闘っているだろうか。少なくとも、これに比べたら何もしていないとは言えないだろうか。ジャーナリストであれ主婦であれ、チリではそれぞれの市民が自分のやるべきことを果たしていた、それがチリで私が見てきたものであった。

世界から見た日本――アジア、ふたたびアメリカ、そして日本

これらの光景を世界中で見ると、日本の社会とは全然違うと思わざるをえなかった。今の日本には活気がない。多くの人が、長いものに巻かれる。もちろん世界にも同じような人はたくさんいるが、それでも「違うじゃないか」と考えた人がたった一人でも立ち上がり、それが数年後に社会を変えていく。

数年前に韓国を取材に行った。一九八八年に軍事政権が民主化してからずっと元気のいい状態が続いている韓国で、大学教授にインタビューした。「最近の韓国の元気はすごい。一方、日本はまったく元気がない。この違いは何なのか」という私の問いに、彼はこう答えた。「元気が違うのは当たり前です。

私たちはあのひどい軍政を自分たち市民の力でくつがえしたのだから」

軍事独裁政権時代、光州事件をはじめ韓国の国民はいたる所で自国の政府によって弾圧・虐殺を受けた。デモでも必ずと言っていいほど死者が出た。チリと同様、韓国の放水車も催涙ガス入りのひどいものだった。しかし、多くの人の死を乗り越えて、市民はますます激しい反政府デモを起こした。教授は続ける。「私たちの民主化運動の中では多くの血が流れた。ところが、日本はどうでしょう。政府がひどいと言いながら、日本の国民自らの力で政権をくつがえしたことが日本の歴史にあるでしょうか」

まったくその通りだとうなづかざるをえなかった。血を流しながら闘い、勝ち取ったものなくして、自信など持ちようがないではないか。いかに微々たるものであっても、自分たちが今できる最善のことをやった、その結果がある、という事実があって人間は初めて自信を持てるものだ。自信のない社会に活気はない。

同じようなことを、サンフランシスコでNGOの取材をしていたときに聞いた。今でこそよく聞くNGO・NPOという言葉は、阪神・淡路大震災を経験し、「ボランティア元年」と呼ばれた一九九五年を境に知られだした。十年ちょっと前の取材当時、朝日新聞の中でもNGO・NPOという言葉を知っていたのはほんのわずかである。そのような中、社内でも「NGO・NPOが今後の社会の要になってくるのではないか」という話になり、社長の声掛かりで「NGO・国際協力チーム」という調査班が作られた。さまざまな部から七人の記者が集められ、私もその一人として加わった。私はアジアとアメリカの担当になり、そしてNPOのメッカと言われていたサンフランシスコへ飛んだ。

市内にあるサンフランシスコ市立中央図書館は、市立とは思えないほどの立派な建物だが、立派なのは建物だけではない。市立なのに、その運営に携わっているのは、普通の市民なのである。この運営方法には理由がある。

その昔、市が老朽化した図書館を建て替えようとしたとき、一人の老婦人がちょっと待てと言いだした。「市が作る図書館なんて、どうせたいしたものではないだろう。この際、立派なものを作ろう」ここまでなら、ただの豪気なおばあちゃんである。しかし彼女はさらに続けた。「私は貧しい家庭に生まれ、おもちゃも全然買ってもらえなかった。唯一買ってもらえたのが一冊の絵本だった。それをぼろぼろになるまで読んだ。自分の人生は運にも能力にも恵まれず、いい学校にも行けず仕事も私生活も失敗だらけだった。私はもうこの社会では生きていけないと思い、自殺しようとした。バスタブに湯を張って剃刀を用意して、手首を切ろうという段になって、ふと思い出した。死ぬ前に親が買ってくれたあの絵本をもう一度読みたい、そう思ってぼろぼろの絵本を引っ張りだして読んだ。読んだら死ねなくなった。勇気がわいてきて、もう一度、生きてみようという気になった。ところがやっぱり何やっても駄目で、今度こそ死のうと思ってお湯を張り剃刀を用意したら、またあの絵本が読みたくなった。そして読んだ。読んだらまた死ねなくなった。そしてまた失敗した。こんなことを何回も繰り返すうちにとうとう運が向いてきて、成功とは言わないまでも、生活に困らない暮らしができるようになった」

そして彼女は訴えかけた。「今の世の中は、自分が子どもだった頃よりもはるかにひどい社会だ。自分の子ども時代も貧しかったが、でも親は子どもに一冊ではあっても本を買ってくれた。その本のおかげで自分は生きることができた。でも今は貧富の格差が拡大し、しかも親は子のことを、子は親のことを思わなくなっている。一冊の本も買ってもらえないなら、人生に絶望して自殺しようとしたときに、それを止めてくれる一冊の絵本はない。今これだけ貧しい人がいる世の中で、みんなに絵本を配るのは無理だ。だったら、誰もが自分の一冊の絵本を見つけられるような、そんな図書館を作ろうではありませんか」

彼女の訴えに、多くの人が呼応した。会社の社長、弁護士、あるいは主婦といった人たちが集まって二十人ほどの市民団体「いい図書館を作る会」を設立したのである。「いい図書館を作る会」の呼びかけによって、なんと四十億円の募金が集まった。市が用意した予算とのお金の合計で、本当に立派な図書館ができあがった。早い時期から二百台のコンピュータを備え付け、市民もホームレスも外国人も、誰もが自由に使える。使い方のわからない人には、腕にオレンジ色のリボンをつけた二百人のボランティアいて、すぐさま対応してくれる。普通の市民が他の市民のために、少しでも役に立てるように活動しているのだ。

平和とは、なにも戦争に対置されなければならない言葉ではない。一人の人間が苦しまなくてもいいように、自分の人生をよくしたいと思う心がかなえられるように、そのために平和はある。平和は国家のためにあるのではない、一人の人間のためにあるのだ。そのたった一人の平和を訴えた老婦人の力によって、図書館は完成したのである。

サンフランシスコのＮＧＯ・ＮＰＯをいろいろ取材しているうちに、地元ＮＧＯのスタッフをしている日本人の女の子に出会った。背の小さい、いかにも日本人という感じの、山田さんという名の彼女は、横浜の女子大を出たあと、アメリカのNGOに入って活動しているという。なぜアメリカで活動しているのかたずねてみたところ、このような答えが返ってきた。

女子大卒業を三ヵ月後に控えたときは、自分はごく普通の人生を送り、大学を出たら二、三年お勤めをして結婚でもするだろう、と思っていた。その彼女に、親がご褒美としてアメリカ一週間旅行というのをプレゼントしてくれた。集団の観光旅行ではあったが、そこで彼女は違う社会を見た。世の中には自分で自分の人生を切り開いたり、社会を変えたりできる場所があることがわかった。証券会社からすでに内定をもらっていた彼女だったが、このたった一度の旅行で決心した。会社には入るし、働こう。でも三年間だけ。その間にできるだけお金を貯めてからアメリカに留学して、NGOやNPOの勉強をしよう。自分の可能性を探りたい。こうして三年間、働きながらこつこつ貯めたお金で、彼女はアメリカへ渡った。一年間は語学学校に通い、そのあと大学で国際関係論をみっちり四年間学んだ。一旦向こうの税理士事務所で働いたあと、今のNGOで働いている、ということであった。山田さんはその当時三十歳。たった一回のアメリカ旅行が、彼女の人生を変えたのだ。

そんな山田さんに、アメリカの社会と日本の社会では何が一番違うか聞いてみた。「何かおかしいと思ったとき、アメリカ人はすぐ行動する。おかしいと主張して、社会に働きかける。日本人は人のせいにする。親のせい、社会のせい、マスコミのせい。だから自分には責任はない、それで終わり。アメリカでは愚痴を言う前に自分で周りを変える」

日本人は愚痴を言うばかりで何も変えようとしない、その通りだと思うほかなかった九五年当時から十年以上たって、日本の社会もずいぶんと変わった。NGO、NPO活動もずいぶん盛んになってきた。日本がすごいのは、自分で発明する能力はないが、よそから取り込んだことをそれ以上に発達させる能力に長けている点だ。ここで十分に述べる余裕はないのだが、今の日本のＮＧＯ活動についてもずいぶんと取材してみて、すでに世界有数のレベルに達していると思う。

今まで世界の話ばかりしてきて、「世界の人たちはすごいなあ」と思われた向きも多いであろう。しかし、これらは世界のすべての人がやっているわけではない。ほんの一握りの人たちだけだ。しかしその一握りの人たちが世界を変えたのだ。そしてコスタリカのように制度としてきちんと根付かせてきた国もある。よいものを取り入れて自分の場所を少しでもよくしようとする点では、日本は世界に引けを取らない。

たとえば近年、憲法九条をめぐっていろいろな活動がある。従来ながらのエイエイオーといった活動ももちろんあるが、面白かったのは東京である女の子に会ったときの話だ（感心するときは、なぜかいつも女性だ）。和服を着た女の子だった。聞くとこれが普段の服装だそうだ。なぜ着物なのかとたずねると、私は「九条着物っ娘」という。

「私は憲法を守りたいと思う。でも思うだけでなくて行動しなければいけないと思った。自分の出身地である群馬県桐生は着物の産地で、実家のタンスには古い着物が眠っているような土地だ。あるとき帰省して、幼なじみの友達と喫茶店で話をしていたとき、平和憲法の話になった。平和憲法はいいものなのに使われていないよね、という話になって、いいものなのに使われていないものが他にもあることに思い至った。それが着物だった。着物だって世界に誇れる日本の文化であるはずなのに、タンスに眠ったまま使われずに虫に食われていく。使わなければ意味がない。それなら今日から着物を着てみようか、ということになって、その日以来私たちは『九条着物っ娘』と名乗るようになった」
彼女は毎日、着物を身に付けて過ごす。東京の自宅にはシャワーもないから、銭湯に行く。どうして着物なのと他の客から問いかけられる。そこで彼女はこう答えるのだ。「私、『九条着物っ娘』なんです。平和も着物もいいものなのに、使われてないですよね。ぜひ使いましょう」。こうやって彼女は平和憲法を広めているのである。

年配の方々の頭だとどうしてもデモ行進や署名活動しか思い浮かばないところだが、日本の若者は違う。もはやグローバルレベルである。自分にできることが何かないか、自分の頭で考えて、それを実行する。署名運動やデモが恥ずかしくてやりにくいのと違い、着物であればこちらから呼びかける必要はない。向こうから寄ってくる。その時にこちらから説明すればいい。こういう風に自分の力で考える女の子が日本にも出てきた。

日本は決して世界に取り残されているわけではない。やるべきは、自分が何らかの主張をするということだ。最低限、自分に言い聞かせるだけでもいい。それによって、いつかどこかからだんだんと主張が広がっていって、社会は変わっていく。社会を変えていく。それこそが本当のグローバリズムなのである。

付記——この文章は、講演内容をいったんテープ起こしして、それに伊藤氏が加筆・訂正を施したものです。テープ起こし作業を担った浜田和範君に感謝します。(編者)

独裁政権と作家たち——ラテンアメリカの社会動乱と創作活動

寺尾隆吉（フェリス女学院大学）

ラテンアメリカと軍事独裁政権

軍事政権下のミャンマーで日本人ジャーナリストが銃弾の犠牲になった事件はまだ記憶に新しいが、民主主義体制が脆弱な第三世界において権威主義的政治体制の抑圧に悩まされ続けている国は多い。アジア、アフリカのみならず、ラテンアメリカもこの例外ではなく、現在のところ選挙による合法的な政権交代がほとんどの国で維持されているものの、権威主義色を強めている国や、クーデターの脅威に怯える国は依然として存在している。一九七〇年代半ばに始まったメルコスール三ヵ国（アルゼンチン、チリ、ウルグアイ）の危機を筆頭に、一九七〇年代から八〇年代にかけて、ペルー、ブラジル、ほとんどの中米諸国などラテンアメリカの多くの国で軍部がクーデターによって政権を掌握し、場合によっては逮捕、監禁、拷問、虐殺など手段を選ばず反対派を弾圧することがあった。特に甚大な被害が報告されたのはアルゼンチンやチリ、それに中米諸国であり、各国で数万単位の死者・行方不明者、時には百万単位に及ぶ亡命者を出すことになった。

軍人政治家たちはしばしば国境を越えて効果的な弾圧についての情報を交換し、ＣＩＡなどの援助も得て拷問や暗殺のマニュアルを精密に練り上げていた。いずれの国においても左翼系の活動家が、路上で暗殺されたり、ある日何の前触れもなく失踪したりしてしまうことが日常茶飯事となり、国民生活は恐怖に晒されることとなった。刃物や電流、手術用具などを駆使した想像を絶する拷問や、ヘリコプターで海洋上空から突き落とすなどの非人間的な暗殺の実態は、現在でも多くの証言文書に記録されている。アルゼンチンではイギリスとのフォークランド紛争に敗れた後一九八四年に、チリでは一九九〇年に、そして中米諸国でも一九九〇年代半ばには比較的安定した民主主義的体制が回復されたものの、軍事政権による弾圧はいまだ国民の心に大きな爪痕を残している。三万人を越すとも言われるdesaparecidos（行方不明者）を出したアルゼンチンでは、現在までその家族たちが首都ブエノス・アイレスの中心部にある五月広場に集まって軍政の責任を追及し続けている。中米諸国では当時のジェノサイド（集団虐殺）の死骸がそのまま放置された地区は多く、いまだ廃墟と化したままの町も多い。また、中米諸国を中心に各国で軍政下の暴力に関する記録資料や証言を保存する作業が進められており、記憶を絶やさぬことで惨劇を繰り返さぬようにとの人々の願いは強い。

軍政に抗して戦う作家たち

一九世紀前半にスペイン、ポルトガルからの独立を達成して以降、政治的不安定から内戦と独裁のサイクルを繰り返したラテンアメリカにおいて、独裁政権の歴史は長い。一九世紀前半のパラグアイを鎖国状態においたホセ・ガスパール・ロドリゲス・デ・フランシア、一九世紀半ばアルゼンチンに君臨したフアン・マヌエル・ロサス、メキシコで一九世紀後半強権をふるって西欧型の近代化を強引に推し進めたポルフィリオ・ディアス、二〇世紀初頭アンデス山脈から国の動乱を統一して独裁体制をしいたベネズエラのフアン・ビセンテ・ゴメス、そして近年では、クーデターにより政権を掌握して強烈な左派弾圧を行ったチリのアウグスト・ピノチェトや、アルゼンチンの軍事評議会による支配体制、といくらでも例を挙げることができる。だが、独裁政権の歴史が長いとすれば、それに抵抗して命懸けで弾圧に反対し、民主主義の擁護を声高に唱える活動家たちの歴史も同じように長い。一九世紀から今日に至るまで、政治家や弁護士はもちろん、医師、学生、ジャーナリスト、教員などさまざまな人々が、逮捕されれば残忍な拷問にかけられた挙げ句に惨殺される危険を冒して軍事独裁政権反対運動に加担し続けているのである。

なかでも二〇世紀後半の軍政反対運動において注目に値するのは、芸術家、特に作家の役割であり、他の地域と較べてラテンアメリカにおける彼らの役割は際立っていると言えるだろう。かつて一九六〇年代フランスのパリ五月革命において学生が先頭に立ち、現在ミャンマーの軍政反対運動において仏教の僧侶たちがその先導的役割を果たしているように、一九七〇年代、八〇年代のラテンアメリカにおける軍政反対運動において芸術家たちは精神的支柱となったのである。例えば音楽の分野では、革命後のキューバで新しいフォークソングの分野を開拓したシルビオ・ロドリゲス、ウルグアイの煽動的ロック歌手レオン・ヒエコ、パナマ出身で政治的な歌詞をサルサに持ち込んだルベン・ブラデスらが、コンサートなどの活動で反軍政運動を盛り上げた。こうした彼らの動きは世界のロック歌手にも刺激を与え、一世を風靡したイギリスのパンクロックバンド・クラッシュや、アイルランド出身の人気グループU2、元ポリスのスティングなどが、ラテンアメリカの軍政に抗議する曲をアルバムに取り入れているのは有名な話である。また、絵画ではチリ軍政に厳しい批判を投げかけ続けたエクアドルのオズワルド・グアヤサミン、映画では軍政下のチリへ非合法的に潜入して映画『戒厳令下チリ潜入記』の撮影を敢行したチリのミゲル・リティン、『ガルデルの亡命』、『スール』などの作品で有名なアルゼンチンのフェルナンド・ソラナスらの名前を挙げることができよう。だが、とりわけ重要な役割を担ったのは作家であり、文章による弾圧の告発や運動資金の調達ばかりでなく、民衆法廷などにも積極的に参加して国際世論の支持を取り付ける努力も厭わなかった。

芸術家が反軍政活動に加担するとき興味深いのは、独特の政治参加形態ばかりではなく、その経験から時として生み出される芸術作品である。といってもそれは、単に直接的な告発のために制作された作品ばかりを指すのではない。確かに、軍政への抗議ソング、軍部による弾圧の実態を暴きだす記録映画、そして拷問などの実体験を綴った証言文学などの価値は測り知れない。何よりもまず、このような現実体験に直接依拠した作品は、制度的暴力の実態を告発し、多くの国で軍事政権に抗する人々の団結と抵抗を促す力となった。だが、芸術という観点から見た場合、より価値が大きいのは暴力的現実を反映しつつも、直接的なメッセージ性に頼ることなく、自由な想像力によって生み出された作品ということになるだろう。少なくとも、文学の分野では、権威主義的政治体制による組織的暴力に直面しながら、その現実を短絡的な告発に陥ることなく想像力によって再構築しようとした小説家の名を何人も挙げることができる。

芸術活動と政治参加、一見矛盾するこの両者をどう両立させるかは、社会的責任を真摯に受け止めながら現代世界に生きる多くの作家に共通する課題となっている。往々にして芸術や文筆活動に携わる人々は（これを書いている私自身も含め）、ともすると娯楽、余暇、無益といったレッテルを貼られてしまう活動に従事するところからくる引け目、劣等感を抱いてしまう。多くの作家はこの劣等感を乗り越えるために積極的に政治活動に参加し、作品を政治と結びつけようとする。だが、作品の中に政治的主張を盛り込むことは、芸術としての作品の価値を貶めてしまうことに他ならない。ジャン・ポール・サルトル、大江健三郎やハロルド・ピンターといったノーベル文学賞作家（サルトルは受賞拒否）も含め、多くの文人が現在に至るまでこのジレンマにどう対処するのか、それぞれに答を模索している。

すでに大部分において民主主義が定着し、独裁政治も過去の遺産となりつつある西欧や日本と違って、現在でも軍政と独裁の危機に晒され続けているラテンアメリカにおいて、作家たちの置かれる立場はさらに複雑である。一部の作家たちが文学作品によって世界的名声を得る一方で、文学は現実に山積する深刻な政治問題の解決にはあまりにも無力であり続けている。知識人として作家たちが持つ社会的影響力は強く、彼らに積極的な社会参加を求める土壌がラテンアメリカには存在する。ホルヘ・ルイス・ボルヘスやアドルフォ・ビオイ・カサーレスのように政治にはほとんど完全に背を向け、逃避とも言えるような形で幻想的文学に救いの場を求める作家も存在するが、概して彼らは保守的、反動的といった誹りを免れない。むしろ多くの作家が、創作と政治活動を結びつけ、作品を平和な社会の実現と結びつける道を追求しつづけているのである。以下では、ラテンアメリカの独自性に着目しながら、特にアルゼンチンの幻想文学作家フリオ・コルタサルと、コロンビアのノーベル文学賞作家ガブリエル・ガルシア・マルケスを中心に、制度的暴力からの解放を目指す作家たちの活動を具体的に紹介することにしよう。

ラテンアメリカ社会における作家

一般的に第三世界においては、芸術家にも政治的・社会的役割を求める傾向が強い。文学においても、アジア・アフリカ諸国を見渡してみればサルマン・ラシュディ（インド）やナディン・ゴーディマ（南アフリカ）のように政治色の強い作家を多数挙げることができる。貧富の差が激しく、知識人全体の層が薄い第三世界においては、芸術家にも社会貢献への期待が寄せられるため、現実社会に背を向けて創作活動だけに専念できるケースは珍しいのである。

ラテンアメリカにおいても基本的に状況は変わらないが、他地域よりは作家と政治の結びつきが強いことをまずは指摘しておこう。こと小説文学に関するかぎり、二〇世紀のラテンアメリカ文学は政治と緊密な関係を保ちながら発展してきたと言えるのである。というのも、そもそもラテンアメリカにおいて、それまで夫人たちの暇つぶしとして軽蔑されていた小説文学が芸術の一ジャンルとして社会的注目を集める契機となったのは、中央政府主導で進められた文化ナショナリズムの諸政策であった。国内の知られざる現実を物語の形でわかりやすく紹介し、国民の団結を強めるという意味で、小説文学は都合のいい芸術形式だった。特に一九二〇年代以降文学は政府の庇護を受け、政治・社会問題を取り上げた作品が小説の主流をなすようになった。ロムロ・ガジェゴス（ベネズエラ）のように特定の地域に舞台をおいた物語から未来への国家建設論を提案する作家もいれば、ホセ・エウスタシオ・リベラ（コロンビア）のように熱帯雨林の天然ゴム農園における労働者の惨状を描き出して改善を求める作家も現れている。また、一九三〇年代には、マルクス主義思想の広まりもあって、政府に批判的な立場から労働問題や社会不正を告発し、社会正義を訴える小説作品が急増している。もちろん、このように政治色の濃い作品を書く作家は、往々にしてジャーナリストや政治家自身であることが多かった。ガジェゴスもリベラも政治家作家であり、ガジェゴスなどは政府の要職をこなした後、一九四八年には大統領選挙に立候補して勝利し、クーデターによる崩壊までのわずかな間ではあったが大統領職を務めるに至った。最近でもラテンアメリカでは芸術関係者が政府の要職に就くことが多く、先に名前を挙げたルベン・ブラデスはパナマで観光大臣の職に就き、ブラジルの代表的ポピュラー歌手ジウベルト・ジウはルラ政権の文化大臣を務めていた。また、一九八九年ペルーの大統領選挙で、アルベルト・フジモリと最後まで争った世界的作家マリオ・バルガス・リョサのケースは記憶に新しい。

ラテンアメリカ作家たちの政治熱をさらに高めることになったのは、一九五九年に勃発したキューバ革命であった。ラテンアメリカ世界全体に社会正義を実現する包括的革命の始まりとして、作家たちはキューバのカストロ体制に大きな期待を抱き、自らの社会的役割を強く意識するようになったのである。一九六〇年代からラテンアメリカ文学は「ブーム」と呼ばれる時期に入り、バルガス・リョサ、カルロス・フエンテス（メキシコ）、フリオ・コルタサル（アルゼンチン）、ガブリエル・ガルシア・マルケス（コロンビア）、ホセ・ドノソ（チリ）といった作家たちが次々と後世に残る傑作を発表して世界的名声を獲得していくことになるが、彼らの旺盛な創作意欲を支えていたのも実は強い政治への関心であった。彼らは公的な場で政治的発言を繰り返し、場合によっては直接政治的役割を負うこともあったばかりでなく、創作においても政治・社会問題を積極的に取り上げていた。フエンテスの『アルテミオ・クルスの死』（一九六二）、ガルシア・マルケスの『悪い時』（一九六二）、バルガス・リョサの『ラ・カテドラルでの対話』（一九六九）など、この時代の作品には政治色の濃いものが多い。本国フランスではすでに時代遅れになりつつあったジャン・ポール・サルトルのアンガージュマン思想——すなわち積極的に社会問題に関わる姿勢を打ち出す作家のあり方——を継承した彼らは、自らの創作を社会改革と結びつける道を模索していたのである。

といってもこれは、ブーム時代の作家たちが、一九三〇年代の社会小説のように直接的に社会不正を告発し、政治的メッセージを発する作品を書いていたという意味ではない。フォークナーやカフカ、ジョイスやヴァージニア・ウルフなど最新の世界文学を吸収して小説ジャンルの芸術性を明確に認識していた作家たちは、政治問題を取り上げながらも小説作品の自立性を損なわないよう努めていたのである。単なるプロパガンダに陥ることなく社会問題を創作に取り込むにはどうすればいいのか、また、芸術作品として質の高い小説をいかにしてラテンアメリカの社会改革と結びつけるのか、これは現在に至るまで多くのラテンアメリカ小説家の課題であり続けている。ブームの作家のなかでとりわけこの問題に真摯に取り組んだのは、コルタサルとガルシア・マルケスであり、政治と文学というテーマにおいてこの二人は双璧を成すケースだと考えられよう。

フリオ・コルタサルの政治参加への道

一九一四年アルゼンチンの知的中流家庭に生まれたコルタサルは、幼少から病弱で夢想的な少年だった。母の指導のもとエドガー・アラン・ポーやジュール・ヴェルヌといった空想性に富む作家を好み、高校時代まではひたすら読書に明け暮れていた。そのせいか、語学的才能には恵まれていながら学業成績のほうはあまり芳しくなかったようで、ついに大学も卒業することができず、一九四〇年までは田舎教師などかなり退屈な仕事にしかありつけなかった。

アルゼンチンでは、特に一九四〇年代以降ボルヘスやビオイ・カサーレスを中心に豊かな幻想文学が開花し、これに刺激を受けたコルタサルは少しずつ詩作や短編小説の創作を手掛けるようになる。一九三〇年代の民主主義体制崩壊から一九四〇年代のペロン政権成立まで、アルゼンチンは大きな政治変動の時代を経験することになるが、コルタサルは一貫して「ノンポリ」の姿勢を貫いており、作品に政治的テーマを持ち込むことも、公的な場で政治的発言をすることもほぼ皆無だった。一九五〇年にペロン政権を避ける形でフランス政府奨学生としてパリに渡って以降も、ユネスコの翻訳官としてポーのスペイン語訳を手掛けながら幻想文学の創作を続け、政治とは無縁な生活を送っていた。この時期の代表作となる短編集『遊戯の終り』(一九五六)と『秘密の武器』(一九五九)は、ラテンアメリカ幻想文学の代表作として現在まで広く世界中で読まれている。なかでも評価が高い作品は、幻想世界と現実世界が交錯する「山椒魚」、「夜仰向けにされて」(ともに『遊戯の終り』所収)、ジャズ・サックス奏者チャーリー・パーカーにインスピレーションを受けた「追い求める男」(『秘密の武器』所収)などの作品であり、いずれも政治とは無関係なテーマを扱ったものである。

コルタサルがラテンアメリカの政治問題に関心を示す契機となるのは一九五九年のキューバ革命で

あり、一九六二年のハバナ訪問は彼にとって「カタルシス」であり、「心の奥底を揺さぶる経験」であった。これ以降彼は、明確な政治理念は欠きながらも、人道的社会主義者としてラテンアメリカの左翼を支援し始めることになる。政治運動家としてのコルタサルの姿勢がさらに鮮明になるのは一九六八年パリ五月革命においてであり、動乱のバリケードのなかには学生に混じって宣伝ビラをばら撒く彼の姿があったのである。通常は二十歳代前半の学生時代に過激な社会主義運動にはしり、三十を過ぎて次第に穏健化していくというのが多くの国において知識人がたどる道程だが、コルタサルは四十を過ぎてから急速に過激化していくことになった。この後のコルタサルは、バルガス・リョサの言葉を借りれば、「社会主義にコミットした作家、キューバとニカラグアの擁護者、マニフェストの署名者、革命派集会の常連」であった。

一九七三年のピノチェト将軍によるクーデター以降コルタサルはさらに積極的に政治運動を展開し、創作の時間すら犠牲にするようになる。ガルシア・マルケスとともにラッセル法廷では先頭にたって軍事政権の人権蹂躙を告発し、さまざまな集会やシンポジウムにおいてラテンアメリカの政治危機を取り上げて国際世論を味方につけるよう尽力した。一九七三年に長編『マヌエルの書』によって受賞した権威あるメディシス文学賞の賞金全額を反ピノチェト組織に寄付したのは、この時代の有名な逸話である。また、一九七四年には他のラテンアメリカ芸術家らと協力して政治的パンフレット『多国籍吸血鬼に対する亡霊』を発表し、わかりやすい形で帝国主義や軍事政権の横暴を大衆向けに告発している。安易な政治活動という批判は聞かれたものの、コミック形式を巧みに利用したこの本は、新たな政治闘争の形式としてラテンアメリカ内外で反響を呼んだ。一九七六年になって故国アルゼンチンでも軍事評議会に政権を握られるとコルタサルの政治活動はさらに活発化し、反軍政運動の支援はもちろん、経済封鎖に苦しむキューバ革命政府やニカラグアの反ソモサ・ゲリラ組織サンディニスタ民族解放戦線（ＦＳＬＮ）とさらに緊密な関係を保つようになった。

このようなコルタサルの熱心な政治活動は、遊戯的幻想文学の旗手として彼を崇めていた多くの読者に失望を与えずにはおかなかった。特にバルガス・リョサやオクタビオ・パスなど、一九七〇年代以降キューバのカストロ体制と袂を分かち始めていた作家たちの多くはコルタサルの変貌に驚き、そして落胆した。そればかりでなく、しばしば純真すぎる形で短絡的に政治活動に加担したコルタサルは、本来同志であるはずの左翼政治家や、反軍政を口にする作家たちからも辛辣な批判、また時には冷笑を浴びることになった。それでもコルタサルは、死ぬまで軍政反対運動を止めず、キューバのカストロ政府と、一九七九年の革命で独裁政権を倒したニカラグアのサンディニスタ政府を足繁く訪問し、積極的な支援を表明し続けていたのである。

幻想文学と政治参加

コルタサルがラテンアメリカ政治に関心を抱き始めたのは一九六〇年代のことだが、当初彼は文学作品に政治問題を持ち込むことは慎重に避けていた。ラテンアメリカ文学のブームの代表作とされる長編『石蹴り遊び』（一九六三）、名作「南部高速道路」を収録した短編集『すべての火は火』（一九六六）、大胆な手法的実験を試みた長編『組み立てモデル62』（一九六八）といったこの時代の作品には、政治性が感じられるものはほとんどない。政治小説として最初に注目されたのは、パリの左翼政治結社を扱った長編『マヌエルの書』だが、これとて実際は『石蹴り遊び』の系譜を汲む手法的実験の作品という性格が強い。一九七〇年代前半までのコルタサルは、短編で夢と現実の交錯する彼らしい幻想的世界を展開し、長編において小説形式の刷新を目指して手法的実験を試みる、という姿勢を保っていたと言えよう。

重要な転機となるのは、一九七七年に発表された短編集『通りすがりの男』であり、ここでコルタサルは意図的に「政治と文学の一致」を試みる作品を数作提起した。そのうち「ソレンティナーメ・アポカリプシス」と「二度目」はアルゼンチン軍事評議会の検閲にかかり、この短編集は発禁処分を受けてしまう。「二度目」は知らずに読めばその政治性に気づかれないほど繊細な、そしてまた幻想的な形で軍政の抑圧を描いた作品だが、ソモサ独裁政権下のニカラグアに違法入国する実体験をもとにした「ソレンティナーメ・アポカリプシス」に込められた軍政批判はあまりにも露骨だった。それまでラテンアメリカ知識人としての政治参加と幻想文学作家としての創作を明確に区別してきたコルタサルが、あからさまな政治批判を短編において表明したことで多くの読者は当惑した。いかに実生活で政治活動に加担しようとも、幻想文学という「聖域」に政治を持ち込むことは多くの批評家にとって「水と油」を混ぜようとする試みも同然だった。実は「ソレンティナーメ・アポカリプシス」は、そのような批判を覚悟で新たな創作の領域に踏み入ったコルタサルのマニフェストに他ならなかったのである。

ジャーナリストたちが浴びせかけるお決まりの質問――「作家は現実にコミットすべきか」、「大衆にはあまりに神秘的すぎることばかり書いているのでは」――を作品の冒頭に配することで、「ソレンティナーメ・アポカリプシス」はそれに対する返答という形を取ることになる。彼の短編には極めて珍しく実体験をほぼそのまま利用し、作者自身が語り手となることによって、この作品ではコルタサルが作家としての自分の姿を前面に打ち出している。なかでも特に目に付くのは、目の前にあるものからそこにないもののイメージを生み出す力、すなわち幻想文学作家らしい想像力の発揮である。アズテックという名前の飛行機から自分たちがアステカ文明におけるがごとく生贄にされるような感覚に襲われ、一枚の何の変哲もない紙から俄かに映像が現れてくるポラロイド・カメラの撮影にも驚きを禁じえない。一見平和な農業生活を営んでいるように見えるニカラグア・ソレンティナーメ島の農民たちを見ても、彼らのうちに潜む独裁政権による弾圧への恐怖感、「耐えざる不安」をコルタサルは見逃さない。

衝撃の結末の布石となるのは、農民たちが生活の合間に純粋な視点から描き続けてきた多数の絵である。その原初的な美しさに惹かれたコルタサルは、これを一枚一枚カメラで撮影していく。小説家の想像力と原始的生活を送る農民たちの想像力がカメラのファインダーを通してここで結びつき、科学反応が起こる。パリのアパートに戻ってソレンティナーメでとった写真をスライド上映したコルタサルが見たのは、農民たちの描いた絵ではなく、次から次へと現れるラテンアメリカ各地の拷問、暗殺、虐殺、数々の残忍な場面だった。

コルタサルにとっては、これこそが想像力の驚異に他ならない。すなわち、自分の意志に関わらず、想像力は制度的暴力の危険に晒されたラテンアメリカ社会の現実を突きつけずにはいない。一見パリで安穏とした暮らしを送り、政治問題とは無縁な幻想的作品を書き続けているコルタサルも、想像力があるかぎりはラテンアメリカの現実に背を向けていることはできない。実体験に即した作品を書くことでコルタサルは、読者に向けてこのように幻想文学作家としての自分の立場を表明している。

これとは対照的に、同じスライドを見ても農民たちの絵しか見えない恋人クロディーヌは、想像力の不足を示す端的な例となっている。コルタサルにとって、何万人もの罪のない人々が惨殺されながらも軍事政権が維持される理由は、他人の痛みを自分のこととして感じる想像力の欠落に他ならなかった。そして幾多の非難を浴びつつも彼が幻想文学に政治問題を持ち込み始めたのは、文学という想像力の営みによって現実世界の社会問題に対する読者の想像力を刺激するために他ならなかったのである。芸術の自由な想像力は世界を変える力を持つ、『通りすがりの男』以降も政治的短編の実践を続けるコルタサルの創作は、このような純真すぎるとすら言える信念に支えられていくことになる。

コルタサルの後期短編集のなかでも評判の高い『愛しのグレンダ』(一九八二)は、「ソレンティナーメ・アポカリプシス」に見られた「消極的」想像力を「積極的」な想像力に転換した重要な政治的短編を含んでいる。一つは実際の新聞記事に触発されて不思議な暴力事件を体験する女流作家を扱った「新聞の切抜き」、そしてもう一つは文字通り落書きから始まる幻想的事件を描き出した「グラフィティ」であり、特に後者は幻想文学と政治の融合を目指してきたコルタサルの探求の頂点を成す傑作と評価できよう。ここで彼は実体験を一切排してフィクションという原点に戻り、「遊び」という入り口から幻想文学による政治参加の道を見事に描き出している。

舞台は特定されていないが、軍政の厳しい抑圧下におかれた南米の町であり、夜間外出禁止令が出され、子どもの落書きですら処罰の対象になるほど厳しい言論統制が敷かれている。そのなかで二人称「あなた」という言葉で示される主人公は、特に政府への抵抗というわけではなく軽い気持ちで他愛もない落書きを始める。最初は苛立って落書きを消す役人たちの姿を見る快感を味わうに過ぎなかったこの遊びは、ある時自分の落書きの横に女性と思しきタッチで描かれた落書きが現れるようになってから俄かに真剣なものになる。落書きが二人の対話となるにつれて、それまで何の意味もなかったスケッチにさまざまな意味が付与されることになり、それが軍政の抑圧に対抗する連帯へと変わっていく。充実した対話の日々は長く続かず、ある時現場を押さえられた「彼女」は警備隊に連行され、それを偶然にも目撃した「あなた」は、「彼女」がそこで受けるにちがいない拷問の数々を思って悲嘆にくれてしまう。

読書の楽しみを奪うことになるのでここに結末を書くことはしないが、作品の最後に残るのは想像力による「わたし」と「あなた」、こちら側と向こう側の強い絆であり、政治権力に抵抗する武器となるのは「落書き」という遊びである。「落書き」を幻想文学に、そして「こちら側」をパリにいるコルタサル、「向こう側」を軍政に虐げられている人々に置き換えればコルタサルの思いが明確に見えてくる。両者が想像力で繋がっているかぎり、どんな「遊び」も政治参加に繋がる可能性を秘めている。コルタサルにとって文学者の使命とは、このような積極的想像力の糧となる作品を書き続けていくことに他ならなかったのだ。

ガルシア・マルケスとラテンアメリカの暴力的現実

ガブリエル・ガルシア・マルケスは、一九二八年（一説には二七年）コロンビアのカリブ海沿岸に位置する町サンタ・マルタから内陸に入った村アラカタカに生まれた。現在でも人口数千人の小村だが、二〇世紀初頭にはアメリカ合衆国で起こったバナナブームの影響を受けて、ラテンアメリカにおける数々の蛮行で名高い帝国主義企業ユナイテッド・フルーツ社が進出し、鉄道が通ったこともあった。ガルシア・マルケスが生まれた時点では、すでにかつての栄華の跡もない寒村だったようだ。家庭の事情で祖父母に預けられて幼年時代を過ごしたガルシア・マルケスにこの町は強烈な印象を残したようで、後に彼の代表作『百年の孤独』(一九六七)などの舞台「マコンド」のモデルになったことはよく知られている。

中学・高校時代を首都ボゴタに近いアンデス山脈の町シパキラで過ごした後、ガルシア・マルケスはボゴタの国立大学法学部に入学するが、そこで一九四八年大統領候補暗殺をきっかけにした自由党と保守党の騒乱に巻き込まれてしまう。一八九九年に始まる千日戦争以降、コロンビアでは現在に至るまで、自由党と保守党の衝突、ゲリラの蜂起、麻薬カルテルのテロ行為などによって市民生活が常に暴力に脅かされている。彼自身常に身近に暴力を感じていたこともあって、小説家としてのキャリアの最初からガルシア・マルケスの社会問題への関心は強く、初期の長編・短編は一九五〇年代の暴力時代を色濃く反映している。

この時代の代表的作品としては短編集『ママ・グランデの葬儀』に収録された短編「最近のある日」と、出世作となった長編『悪い時』(一九六二)を挙げることができよう。凄惨な暴力が全国に蔓延したこの時代のコロンビアに「暴力」をテーマとした小説作品は多かったが、ガルシア・マルケスの関心は、他の作家のように直接的な形で暴力行為を描写することにはなかった。むしろ彼が描こうとしたのは、暴力の影に怯えながら生きる人々の日常生活であり、暴力が人の心に残す傷跡の深さであった。直接経験したことのない者には想像しにくい暴力という現象を、五感を刺激する表現を多用した描写に基づく物語によって読者に伝えるというのがその基本的な方法論である。一読しただけでは単なる歯痛をめぐる日常的逸話にしか見えない「最近のある日」も、当時のコロンビアの状況にあてはめて、町長と歯医者がそれまで血みどろの戦いを繰り広げてきた敵同士であることを理解すれば、実は猛烈な緊張感に満ちた物語であることがわかるだろう。ガルシア・マルケスの隠れた傑作『悪い時』にしても、視覚的効果はもちろん、些細な音や匂い、皮膚の感覚などを通して、普通の感覚が普通でなくなる暴力時代の生活を見事に描き出している。そこから読者に、暴力を「生きる」ということがいかなる経験なのか、感覚的に想像させようとしているのである。

一九六〇年代に入ると、ガルシア・マルケスはいったん暴力というテーマを離れ、「マコンド」を舞台に祖父母の世界観に着想を得た神話的小説『百年の孤独』の執筆に創作活動を集中することになるが、ここでも暴力小説の経験は大いに活かされることになる。一見コルタサルとは対極の位置にいるガルシア・マルケスだが、制度的暴力を前にした両者は実は根底のところで一致した理念に貫かれている。それは、暴力に直面したとき小説家としてできることは、その現実を直接取り込んで作品を作り上げることではなく、むしろ想像力によって問題の本質を見通し、そこから読者の自由な想像力に訴えかけることである、という見方であった。すなわち、両者とも事態を変える希望を文学的想像力のなかに見出していたのである。『百年の孤独』の世界的成功から大作家として揺るぎない地位を確立したガルシア・マルケスは、かねてから興味を持っていた独裁者、独裁制における権力というテーマに取り組むことを決意するが、このときも鍵となるのはやはり文学的想像力の駆使であった。

権力をめぐる孤独――独裁政権と『族長の秋』

歴史を通じて数々の独裁者に苦しめられてきたラテンアメリカでは、一九世紀半ばから脈々と流れる独裁者小説の流れがあり、ノーベル文学賞作家のミゲル・アンヘル・アストゥリアス（グアテマラ）を筆頭に、多くの小説家が独裁制をテーマにした作品を残している。一九六〇年代半ばには、当時の一流作家たちを集めて独裁者小説アンソロジーを編纂する企画が持ち上がったこともある。結局これは実現しなかったものの、ガルシア・マルケスやアレホ・カルペンティエール（キューバ）、アウグスト・ロア・バストス（パラグアイ）といった作家は独自に独裁者の研究を続け、それぞれの形で独裁者小説を完成させた。チリでピノチェト独裁政権が始まった直後の一九七四年から七五年にかけて、再び社会問題としての独裁に注目が集まるなか、彼らは現在までラテンアメリカ文学の「三大独裁者小説」として広く読まれている『至高の我』（ロア・バストス、一九七四）、『方法再説』（カルペンティエール、一九七四）、『族長の秋』（ガルシア・マルケス、一九七五）を相次いで発表することになるのである。

アストゥリアスの『大統領閣下』（一九四六）に代表されるそれ以前の独裁者小説と比較して三大独裁者小説の特質は、独裁政権下の社会状況や独裁者の横暴を描き出すばかりでなく、独裁者自身の人物像に焦点をあてて、その内面にメスを入れたところにある。作家たちの関心は、直接的な政治批判や独裁者の糾弾から、独裁制の内幕や権力に取りつかれた人間の実態へと移っていた。三つの小説はいずれも、とかく無機質的な政治現象としてとらえられがちな独裁制の人間的側面をそれぞれ見事に描き出しているが、やはりこの点において最も秀でているのは、「一〇七歳から二三二歳の間の不確かな年齢」をさまよう老独裁者「族長」を中心にすえた『族長の秋』であると言えよう。

ガルシア・マルケスが執筆に約七年も要した『族長の秋』は、決して読み易い小説ではない。原書は極めて難解なスペイン語で書かれており、鼓直がかなりわかりやすい日本語に訳しているが、それでもまだ読みにくい。最後の一章、原書で約五十ページが一文で書かれているなど、息の長い文章が多い上に、主語が次々と入れ替わり、さまざまな人物の話し言葉が交錯する。あまりにも長く続いた独裁政権下で人々はほとんど記憶喪失の状態にあり、独裁者の捏造する事実がしばしば史実とすりかえられて歴史が失われていくなか、残っているのは権力の頂点にあり続ける独裁者の独り言と、その影に怯える人々の声にならない途切れ途切れの声ばかりなのである。小説が進むにしたがって次第に両者の断片的な声はつながり、「公的歴史」に隠された独裁制の真実が暴かれるとともに、独裁者の数々の奇行と屈折した彼の内面が明るみに出てくる。

絶対的権力を頼りに常人の想像力では及ばない横暴のかぎりをつくす独裁者に対して、小説家は文学的想像力を駆使してそれを上回る奇想天外な出来事を作り上げてこれに挑みかかる。ガルシア・マルケス自身が公言したとおり、小説が独裁への抵抗手段となるためには、何よりもまず想像力において小説家が独裁者に負けてはならない。小説家が文学的想像力のなかに独裁者を押し込めることで、独裁者は自らの不条理のなかに囚われて身動きができなくなっていく。自分で作り出した権力の体制が一人歩きしてコントロールできないものとなり、もはや誰も信じることのできなくなった族長が、癒しようのない孤独のなかで一人叫び続けるのは「いったい俺は誰なんだ、ちくちょう！」という言葉だった。ガルシア・マルケスはこうして権力という魔物のもたらす堕落と、それに囚われた人間の惨めな荒廃ぶりを曝け出し、神秘のヴェールに包まれた独裁者の人間像を読者の想像が及ぶ形に描き出す。

『族長の秋』を読んで感動したパナマの軍人政治家オマール・トリホスは、ガルシア・マルケスに洩らしたそうだ、「俺たちはお前の書いているとおりだ」と。確かに『族長の秋』は難解な作品だが、「絶対的権力」という「人間の世界において最も高度かつ複雑な所産」を前にした作者ガルシア・マルケスにとって、十分に想像力を飛躍させるためには他の書き方はできなかったのである。同様に、読者も最大限に想像力を駆使しなければこの作品は理解できないということになろう。逆に言えば、この小説を理解できた読者は、独裁政権に抵抗する素養を十分に備えたことになるのかもしれない。

まとめにかえて——ラテンアメリカ小説から見えてくるもの

小説家はいかにして社会に貢献できるのか、文学は社会変革に寄与できるのか、慢性的な社会不安に悩み続けてきたラテンアメリカにおいて、この問いは多くの作家に共通する課題であった。一時は熱狂的な期待をもって迎え入れられた社会主義革命の道も頓挫しているように見える現在、相変わらず山積する政治・社会問題を前に、文学と社会改革の結びつきを完全に諦めている作家も多い。もちろんそれはそれで正当な立場であり、文学の自律性という観点から見ればむしろ純粋に芸術作品としての完成度を追究するほうが正道と言えるのかもしれない。

ここに例として取り上げた二人、コルタサルとガルシア・マルケスは、いずれも文学作品と社会の連動性を真剣に論じ、文学作品の芸術性と社会改革への寄与を両立させる道を模索した典型的な例と言えるだろう。ここまで論じてきたとおり、軍事政権・独裁者という共通の敵を前に彼らは、文学作品に一つの可能性を見出していた。すなわち、文学作品を通して作り出される作者と読者の想像力による絆が、制度的暴力に抗する連帯を生み出す、ということである。コルタサルの「グラフィティ」に明確に見えるこの図式は、「想像力が世界を変える」という彼らの信条に根差したものであった。多くの批評家・作家に批判されたとおり、確かにコルタサルやガルシア・マルケスの創作理念には短絡的すぎる側面が指摘できよう。だが、彼らの表明する想像力への期待を現代社会においても決して忘れてはならないことだけは確かだろう。スターリン独裁への恐怖のなかで創作を続けたザミヤーチンは、小説『われら』のなかで、人々が進んで想像力摘出手術を受ける終末的な全体主義社会を描き、現代世界への警鐘を鳴らした。想像力を棄てることは、平和な社会実現への希望を棄てることに他ならない。

残念ながら日本の出版界においてラテンアメリカ文学はそれほどの重要性を持つに至ってはいないが、近年小説作品の翻訳は進んでおり、少なくともガルシア・マルケスやコルタサルの主要作品は日本語でも読めるようになった。ここに名前を挙げた『通りすがりの男』、『愛しのグレンダ』、『悪い時』、『族長の秋』といった作品は、いずれも比較的簡単に手に入るようになっている。今後さらに多くの読者がこれらの作品を手に取り、ラテンアメリカ作家の経験を日本にも活かす道を模索していくことに期待して本稿の締めくくりとしたい。

主要参照文献
ガブリエル・ガルシア・マルケス
『悪い時　他九篇』新潮社、二〇〇七年
『族長の秋　他六篇』新潮社、二〇〇七年
フリオ・コルタサル
『通りすがりの男』現代企画室、一九九二年
『愛しのグレンダ』岩波書店、二〇〇八年

ヒロシマの記憶を消さないために——ジャーナリズムの使命

シルビア・ゴンサーレス（神田外語大学）

二十世紀最大のニュース——ニュースとは？

ヒロシマへの原爆投下は、人間社会において核兵器というものが持つ多様な意味を全世界に知らしめたという意味において、二十世紀で最も衝撃的なニュースとなるべき歴史的事件だったと言えよう。だが現実にはそうならなかった。政治権力の側からしか報道されなかったこの悲劇は、検閲とプロパガンダによって歪められていた。最初は頑なな日本軍部の情報操作によって、次にはアメリカ合衆国政府の自己弁護によって、「歴史」そのものが歪曲されてしまったとすら言えるだろう。

なぜジャーナリズムはヒロシマの惨事を世界に伝えそこなったのか。メキシコの大学でジャーナリズムを専攻し、後に新聞・雑誌記者としてさまざまな事件の取材に立ち会った私にとって、これは常に頭を悩ませ続けた謎であった。一九九二年に文部省の奨学生として来日した時も、最初に着手したのはヒロシマに関する報道を徹底的に洗い出すことだった。その後アメリカ合衆国やヨーロッパでの調査を経て、九八年にコレヒオ・デ・メヒコ大学院大学博士課程の学生として再来日したときには、私の心はヒロシマをめぐる報道を博士論文のテーマとすることで固まっていた。首尾よく博士論文は二〇〇四年に出版され、長年の疑問をかなり解き明かすところまでは到達したが、今回このような機会を頂いたので、これまでの成果を踏まえて、再びヒロシマの問題を別の角度から取り上げてみたい。

まず、「ニュース」とは何かを考えてみよう。コミュニケーション理論においてニュースとは、「日常生活を理解するために重要な出来事をジャーナリズムの形で報告すること」と定義されている。概してニュースは「新しい」という概念と結びつくが、多くの専門家は、ただ「新しさ」の追求ということだけでなく、真実性、公平性、異説間のバランスといった点に関するいくつかの原則を提起している。「出来事」、あるいは「事件」と「ニュース」は同義ではない。ニュースとは、所詮は現実の移し変え、あるいは解釈でしかないことをまずは理解しよう。

ジャーナリズムの現場から見れば、現実社会で起こることすべてが、ニュースとして記録し、解釈されるのにふさわしいわけではない。ニュースを受け取る側の必要性とも関係して、幾つかの要素が特定の事件の「ニュース性」を規定することになる。「ニュース」が「ニュース」として認識されるための特徴や基準は多々あるが、最も引き合いに出されるのは以下の要素であろう。①タイミング、現在性（新しいものこそニュースである）②身近さ（より身近なものこそ興味をかき立てる）③知名度（認知度が高い名前や土地）④重要性（自分の生活に何らかの影響を及ぼすもの）⑤規模（大きな規模であればあるほど注目を集める）⑥葛藤（対立が不安や興味をあおる）⑦進歩（学問的、技術的な意味で）⑧期待感（期待とは興味の持続）⑨人間的感情（感情に訴えかけるもの）。

以上を踏まえれば、冒頭に示した仮説は再確認されるだろう。すなわち、ヒロシマへの原爆投下*は二十世紀で最も衝撃的なニュースである、と。なぜならそれは、ジャーナリズムという立場から見て、ある一つの事件がニュースとなるための基準を完全に満たしているからである。ソ連における共産主義の興隆と崩壊、人類の月面到着、エイズ・ウィルスの発見といった出来事と比較しても、ヒロシマへの原爆投下は際立っている。もちろん、最悪の惨事というわけではないし、最も重要な政治的事件というわけでもなく、また、最大の科学的進歩を示しているとも言えない。しかし二十世紀の歴史において、これほど大きな関心を惹きつけ、さらに大きな社会的インパクトをもたらすための特徴を一手に集めた出来事は他に見当たらない。

にもかかわらず、ヒロシマは「衝撃的」ニュースとしては伝えられなかった。戦時下に蔓延るさまざまな組織——一方に情報源をコントロールする権力集団、他方に戦争という緊張状態でニュースに飢えた多様な社会集団——が圧力をかけてこれを妨げてしまったのである。これらの圧力は、私が「コミュニケーションの原子モデル」と呼ぶ図式で描くことができる。専門的な議論なのでここに詳述はしないが、これまで何度か私は学会などでこの図式を用いて、紛争の時代にこのような圧力がいかに不正確なニュースを生み出し、誤った知見を広めることになるのか検討したことがある。日本語にはなっていないが、関心のある方は参照していただきたい。

＊ ここで言及するのが広島であって長崎ではないのは、あくまでも新奇さおよび時宜の基準をかんがみてのことであり、長崎の原爆への憂慮を減ずるわけではない。

原爆に関する情報操作の諸段階

一九四五年八月、九月という決定的な時期にアメリカ・日本双方の新聞が伝えた記事は、ヒロシマを歴史に刻み、そして後の世論を形成するプロセスに強い影響を及ぼすことになる。ここで発せられたメッセージを詳細に比較検討してみると二つのことが見て取れる。第一に、日米両側に起こった「完全な沈黙」から「情報爆発」へと劇的な変化をたどる過程。第二に、核についての議論と戦争の大義名分をめぐる情報操作であり、こちらは今日まで続いているとすら言えよう。以下、この点をいくつかの段階に分けて分析してみよう。

(1) 日本の場合

(a) 沈黙期

八月六日直後から軍部は厳しい検閲を敷き、戦時下で継続するプロパガンダ活動に原爆投下という事件が悪影響を及ぼすことを警戒した。もちろん、灰燼と化した現場との通信が困難なため、情報不足に陥っていたという事情は考慮せねばなるまい。しかし、当日現場で取材に当たった記者たちの手記からもわかるとおり、彼らの報告は明らかに矮小化されたのである。各紙の紙面を見てみよう。翌八月七日、ヒロシマの原爆を取り上げたのは朝日新聞だけ、それもたった一段落、「若干の被害」を与えた爆撃としか扱われていない。日本のジャーナリズムと世界の歴史に深刻な空白が生まれたわけだ。二十世紀最大の「ニュース」がそこで起こっていながら、日本の新聞はそれを正確に伝えることができなかった。新聞は口を塞がれていた。ニュースは言葉にならぬまま消えたのである。

(b) 情報爆発期

原爆投下から十日後、日本の無条件降伏とともに戦時下の検閲を受け続けてきたメディアはようやく混乱と挫折の時期を脱け出し始めた。何年もの間勝利ばかりを読者に報じてきたジャーナリズムは、今度は敗戦を伝えねばならなくなった。そして視野を広げ出した報道機関が飛びついた話題の一つが、広島・長崎における原爆被害だった。「新型爆弾」でしかなかった兵器は、おびただしい数のリポートや論説によって、敵方の「残虐な」「非人道的」兵器、すなわち「原子爆弾」として認識され始めたのである。

(c) 新たな検閲期

一九四五年八月末連合国が日本に上陸し、新聞社は「プレスコード」と検閲機関によって広範囲に及ぶ統制を受けることになった。大日本帝国政府が報道機関に対する規制を廃止し、国民に表現の自由を保障したそのわずか数日後、今度は連合国軍が厳しい情報統制政策に着手し始めたのである。平和国家への転換の旗印として民主主義と表現の自由を掲げていた者たちの政策としては、いかにも皮肉なものだったと言わざるをえない。

この新たな検閲段階において明瞭に見えてこないのは、明文化されないまま特定のテーマに適用された監視政策である。プレスコードにも占領軍の公式文書にも、原爆を検閲対象としていたことを示す証拠文書はない。しかし間違いなく検閲は存在していた。検閲を受けた人々の証言がこれを裏付けているのはもちろん、現在米国立公文書館で公開されている当時の極秘文書には、〝Key Log 21〟というガイドラインにしたがって原爆投下に関連するすべての情報を「要注意扱い」とする主旨の記述が見られる。肯定的なものであれ否定的なものであれ、当該地域における被害の規模、被害者の状況、救護活動、医療診断についての言及は制限されていたのである。

米国立公文書館、およびメリーランド大学カレッジ・パーク校のゴードン・W・プランゲ・コレクションには、情報統制がどのように実施運営されていたかを裏付ける書類が何千もの箱やファイルに保管されている。プランゲ・コレクションだけでも百立方フィート相当の書類があり、日本全土で検閲対象となった計一万六千点以上の刊行物が含まれている。

（2）アメリカの場合

(a) 沈黙期

ここで目を引くのは、マンハッタン計画実施以降敷かれることになった、核実験に関連する用語や情報への徹底的な検閲である。核兵器開発は戦争の「最高機密」だった。一九四二年から検閲局は、マスメディアに向けて「核」「ウラン」「放射能」といった核兵器関連用語の使用自粛を要請した。

おかしなことに、検閲官が科学的出版物もふくめて情報全般を厳しくチェックしていたにもかかわらず、「極秘」のはずの核兵器は、断片的な形とはいえまったく予想もつかない形で顔を出すことになる。そのうちの一つがローマ法王ピウス十二世の訓示、そしてもうひとつはなんと漫画『スーパーマン』の一コマであった。

(b) 情報爆発期

「戦時最高機密」であった原子爆弾は、物理的には日本において爆発し、広告界ではアメリカおよび世界中で爆発した。一九四五年八月、世界は変わったのだ。数日のうちに誰もが原爆のことを知った。科学者は蘊蓄を垂れ、政治家は自己弁護に躍起になり、詩人がこれを描き、ミュージシャンは歌詞に取り入れ、映画関係者は台本に使った。科学的テーマについては三年間も完全な沈黙を続けていたニューヨーク・タイムズは、一九四五年八月七日版で「原子」およびその派生語を二百回以上繰り返した。

ジャーナリズムは原爆とその威力、開発のための人的・経済的投資について触れ、さらにはこの最強兵器をアメリカが独占しているという事実を囃し立てた。しかし、爆弾そのものについて書き立てられたことに較べて、「爆撃」に関して書かれたことはあまりにも少なかった。このテーマに何百回となく言及したにもかかわらず、アメリカの報道機関は爆撃後の広島・長崎の状況を伝えることがほとんどなかった。第一に、ジャーナリストたちは現地に直接赴いて取材をすることができなかった。そのうえ情報源となる公的機関には――公式には情報統制は終わっていたが――いまだに強い圧力がかけられていた。まだこの時点では、原爆という発明はジャーナリズムにとって単なる「驚異」でしかなかったのである。

(c) 情報操作期

この「驚異」という原爆への扱いが、情報操作の新たな段階を解き明かす鍵となる。すなわち、報道機関が核について言及するときには常に公式見解に依存し、偏狭なプロパガンダに陥ってしまうのである。原爆の破壊力をめぐる議論になると、特に際立った形で情報操作の魔の手が見え隠れする。放射能によって致死的な後遺症が残るという見解を示す科学者が現れれば、すぐに軍の上層部は最高レベルの科学データを駆使してこれを反駁する。以降公的機関では、放射能と死を結びつけるあらゆる学説を断固として否定する立場がとられることになる。ニューヨーク・タイムズは、次のような見出しまで掲げたことがあった。「ヒロシマの廃墟に放射能は検出されず。」

軍人、科学者そして——その圧力下にあった——当時のジャーナリスト、皆が嘘をつき、情報を歪曲した。実際には原爆による放射能は検出されていたし、その後遺症で何千もの人が死んでいた。

検閲のもたらしたもの

(a) 一方的な政治的決断

現在の視点から情報操作、特に検閲のもたらした帰結を検討したとき明確になるのは、原爆投下が一方的な政治的決断によって実行に移されたという事実である。直接の責任者は一九四五年八月当時の合衆国大統領ハリー・トルーマンに他ならない。彼は軍人と科学者をメンバーとする原爆使用に関する諮問委員会を自ら設置したにもかかわらず、その進言にまったく耳を貸さなかった。

(b) 沈黙によって殺された犠牲者——医学的情報の不在

他方、検閲は被爆死にも関係している。貧弱な設備のなかで夥しい数の被爆者に対応した救急医師たちにとって、未知の爆弾に晒された人々の症状を前になすすべはなかった。核をめぐる情報統制のために、いかなる処置が可能なのか、そのヒントとなったかもしれない科学的情報は得られなかったのである。

(c) ジャーナリストおよび読者への侵害

また、権力者の利害を守るための意図的な情報操作は、重大な基本的人権の侵害でもあったことを指摘しておかねばなるまい。すなわち、知る権利と表現の自由はまったく無視されたのである。

(d)異なる表現方法の探求――原爆から出発する芸術

ジャーナリストたちの沈黙は、芸術が戦後の瓦礫の中から声を上げるべく、力強く湧き上がるための起爆剤となったことも確かだった。戦後の日本では、芸術活動に多くの制約が伴い、芸術そのものの意味と使命すらも不明瞭であったにもかかわらず、である。

原爆報道への検閲は、文学ジャンルにも影響を与えている。また、原爆はさまざまな写真、映画、漫画、ドキュメンタリー風絵画、そして丸木位里・俊(旧姓赤松)夫妻の絵画に描かれたグロテスクな原爆の地獄絵図をも生み出すことになる。この他にも被爆者たちが死を前にして本能的に描き残した何百というスケッチが知られている。

(e)核問題における情報不足

広島・長崎以降の沈黙がもたらした負の遺産とも言える検閲は、未だ過去のものとはなっていない。われわれの知る権利は無視され続けており、「国民の安全」にかかわる重要問題として核に関する情報は「機密」という名目のもとに隠匿され続けている。

(f)平和主義 vs. 無関心

検閲はまた社会に二重の潮流を生み出し、両者の対立は冷戦による軍拡競争とともに先鋭化した。一方では、核というテーマに対する深刻な情報不足が生じる。すなわち、国家の安全保障を口実に、「機密」書類ばかりが積み上げられて核の話題は一般社会からは遠のいていく。

他方、一九五〇年代初頭に連合国による占領政策が終わり、ようやく市民は被爆者から直接証言を聞くことができるようになる。これと軌を一にして、最初の水爆実験実施、そして核実験の世界的広がり、大国間の政治的緊張、核による環境、人体への被害といったさまざまな問題が露呈し始めていた。このような危機的事態の進行を前に、沈黙に抗する社会勢力が現れ始めたのである。原爆、核実験、放射能の被害者たちは正面から検閲と立ち向かい、その情熱を平和運動や圧力団体に結集して核問題をめぐる政治的発言力を強めるようになっていた。

ジャーナリズムと歴史——ヒロシマをめぐる歴史的「真実」

残念ながら情報操作が有効であったことは認めねばなるまい。ここで私が強調したいのは、政府（とマスメディア）によって流布された原爆投下のための大義名分が実は偏見と虚偽に満ちたものであったにもかかわらず、それが権力と情報の結合によって「真実」として人々に押し付けられた事実である。幾つかの観点から当時のジャーナリズムが犯した過ちを検証してみることにしよう。

(a) 軍事標的

トルーマン大統領は、原爆は「純粋に軍事的な」都市に投下されたと繰り返し強調したが、今日ではこの説を覆す根拠に事欠かない。当時の広島市の人口三十四万三千人のうち、軍事関係者はわずか12％にすぎない。原爆投下後四日間の死者数は、市民が十一万八千人、軍関係者は二万人ほどであったと推測されている。

(b)「警告」

ヒロシマ市民に対して爆撃前に警告が発せられた、という風説も事実ではない。核兵器による攻撃を知らせるビラは、爆撃の後にばらまかれたにすぎない。ロサンゼルス・タイムズは、降伏しなければ最終兵器に訴えることを「わざわざ敵に」知らせるために三百万枚ものビラがまかれた、と伝えている。確かに長崎平和博物館にはこの種の様々な文書が展示されている。しかしながら多くの証言によれば、ビラは長崎の原爆投下のあとにばらまかれただけなのである。

(c) ポツダム宣言

また、原爆投下の決定は一九四五年七月二六日通達されたポツダム宣言を――アメリカの諜報機関側の説明によれば――日本側が「無視」したことに起因する、とする議論も信憑性を欠いている。というのも、原爆投下命令はそれ以前、すでに七月二五日付で署名されているからである。

(d) 唯一の方策

原爆こそが戦争終結のための唯一の策であったとする見解にも疑問の余地がある。一九四四年以来日本は天皇陛下に危害が及ばないという条件で降伏の道を模索していたのであり、その意味で交渉の余地はまだ十分にあった。アメリカ側はそのことを十分承知していたし、諜報機関を介して戦争末期の日本が崩壊寸前の疲弊状態にあったことも理解していたのである。

(e) 数百万の命

軍人の証言やその他の証拠によって、トルーマンの矛盾はさらに明らかになる。彼は、百万人以上のアメリカ兵が犠牲になるという理由から、日本での本土決戦という選択肢を避けたいと明言していた。だが、彼は犠牲者数の桁を勝手に変えていた。ここ数十年に公開された軍事資料によれば、一九四五年時点における本土決戦によるアメリカ側の死傷者数は五万人以下と想定されていたのである。

(f) 軍事評議会

後にトルーマンは、原爆使用の決断は軍関係者の助言にもとづくものだったと主張し始める。しかしながら、軍事評議会が原爆使用に賛同する意見を出した証拠は見つかっておらず、それどころか多くの高官はむしろ原爆は不要という見解で一致していたのである。

ジャーナリズムがこのような過ちすべての共犯となってしまったことは、否定すべくもない事実なのである。

顔

本稿でとりあげた一九四五年八月六日から九月二〇日までの間、アメリカでも日本でも犠牲者の写真が新聞に出ることはほとんどなかった。かろうじて朝日新聞と読売新聞が何枚かの顔写真を掲載したが、原爆の惨状について説明はなかった。負傷者であふれかえった無残な病院も、孤児となった子どもたちの苦悩と恐怖も、わが子の命を救おうと死に物狂いになった母親の絶望も表面には出てこなかったのである。

長い間原爆の象徴は空に浮かぶキノコ雲であり続けてきた。それがジャーナリズムと歴史が人類の意識に植え付けたイメージだったわけだ。謎に包まれたままになった犠牲者の「顔」を原爆の真実として生々しく再現し世界に突きつけることは歓迎されない行為だったのだろう。

「あやまちは繰り返しません」――正当性 vs. 両義性

ヒロシマでのあまりにも酷い経験は、戦争がはらむ両義性の帰結であると言えるかもしれない。名目上「勝者」は、自由と人権への不当な侵略に対し、多大な人的・経済的・物的犠牲を払って自らを守ったことになる。他方「敗者」は、信念と理想の挫折を味わいながら、それを当然の報いと見做す戦勝国を前にその苦痛を公に訴えることも許されない。その意味では、原爆は勝者の力を正当化し、敗者に当然の「天罰」を下すための道具となってしまった。広島と長崎の惨劇でその威力を世界に知らしめた原爆は、冷戦時代に入って外交交渉の切り札として使われるようになり、ガー・アルペロヴィッツのような知識人が「核外交」と呼んだ新しい国際関係の枠組みを作り出すことにもなった。

ここで私が改めて提起したいのは、核に晒された危機的な世界情勢を前に、歴史の教訓から日本の平和主義を再確認し、核武装への誘惑に断固として抵抗することの重要性である。というのも、世界平和を目指すわれわれにとって脅威となる指標がすでにいくつも存在しているからだ。例えば、一九四五年以降の核兵器生産は膨大な量にのぼり、世界全体における現時点での核兵器保有数は三万六千発以上にも達している。一九五二年アメリカは原子爆弾の二十倍という威力を持つ核融合兵器「水素爆弾」の実験に初めて成功した。核兵器に加えて、核融合エネルギーを利用した兵器も含めれば、現在世界に存在する核の総和は広島に投下された原爆の百万倍にも匹敵する。世界には最低限度の生活すら営めない人が溢れているのに、地球を跡形もなく破壊するほどのエネルギーが一部には集中しているのである。

現実の探求あるいはフィクションの再生産

ヒロシマと原爆に関する私たちの知識は、犠牲者たちの実体験よりはフィクションに依存する割合のほうが高いくらいかもしれない。実際のところ犠牲者の実像は、もみ消された歴史とぼやけた映像から想像してみることしかできない。二十世紀後半の世界に生きるわれわれにとって、原爆というものの脅威を感じ取るのは小説や映画のなかであって、具体的な戦争を踏まえたニュースや調査報告のなかではないだろう。

ジャーナリズムは権力の共犯となった前科を振り払い、戦争という特殊な状況においてなめた屈辱から立ち直らねばならない。現代世界におけるコミュニケーション手段としての重要性を回復するために必要なのは、何よりも核についての探求を深め続けていくことである。そしてそれをニュースとして客観的な形で社会に伝えることである。それを達成して初めて核の問題は個人的、さらに集団的意識に反響し、真に人々の関心をひくことになるだろう。そうなれば、核についての情報請求、核問題における政治決定への参加が促進されることになるはずだ。

現代世界のテクノロジーに支えられたジャーナリストは、戦争の実態を鮮明なイメージの形でリアルかつ忠実に伝えようと躍起になっている。最初の集中爆撃をいち早く衛星放送で視聴者に届けようとするカメラマン、そしてインターネットのブログで刻一刻と最新記事を更新する命知らずの通信員。だがメッセージが人間の良心に向けられていなければ、彼らの競争など虚しいものだ。フランスの学者ジャン・ムーションのいうハイパーリアリティが単なる見世物と化していては何の意味もない。

戦争の歴史にピリオドを打つことができずにいるこの恐ろしい一時代にあって、言葉の役割は重要になる。それは、ジャーナリストが歴史を再検討するときも、作家たちが空想の舞台と特殊効果から戦争の意味――あるいはノーベル文学賞作家大江健三郎の言葉を借りれば「人間とは何か」についての理解――を探求するときも同じなのである。

キノコ雲の下に消えた何万という顔、無力な死者たち、そして今まさに死なんとする人々、これらのイメージが私たちに突きつけてくるのは、そこに込められたメッセージを読み解く責任ではないだろうか。進歩の世紀の終焉、映像、科学技術、軍事力の増強、新兵器を用いた戦争、これらすべてが人間の本質に直接関わっている。現代世界にも絶えることのない戦争の犠牲者を前に、平和を犠牲にしてまで戦争に「勝つ」ことの両義性を踏まえて、今一度しっかりと受け止めなければならないのは、われわれ一人一人が常に死と背中合わせに生きているという事実なのである。

（参考文献）
Alperovitz, Gar, *The Decision to Use the Atomic Bomb*, Vintage Books, Random House, New York, 1996.
González, Silvia Lidia, *Hiroshima: la noticia que nunca fue*. Editorial Venezolana - Fundación Japón, Mérida, Venezuela, 2004.
Hiroshima-shi, Nagasaki-shi, The Committee for the Compilation of Materials on Damage Caused by the Atomic Bombs in Hiroshima and Nagasaki, translated by Eisei Ishikawa and David L. Swain, *Hiroshima and Nagasaki: The Physical, Medical and Social Effects of the Atomic Bombings*, Basic Books, New York, 1981.
Truman, Harry S., *Memoirs of Harry S. Truman*. Vol. I: *Year of Decisions*, Doubleday, Garden City, New York, 1955.

（翻訳：寺尾隆吉、浜田和範）

東南アジアのグローバル経済化と平和への課題

——フィリピン・草の根の人びとによる暴力克服への取り組みを中心にして

横山正樹（フェリス女学院大学）

はじめに

いまフィリピンが国家をあげて推進する看護師・介護士の海外労働、コールセンター、専門教育産業……これらはグローバル化への適切な対応だろうか。

二十一世紀に入って、東南アジア各地では巨大ショッピングモールの乱立が目につく。これが象徴する「順調な経済成長」という表層と、その陰で貧富の格差は拡大し、さまざまな暴力が深刻化する内実とがある。

各国で政府・国軍と体制批判勢力との紛争やテロ・暗殺、旧い支配層と新興勢力の対立、政権の中枢から末端におよぶ根深い汚職・腐敗、食糧はじめ生活物資の高騰と飢餓など、草の根の人びとの多くは平和からほど遠い状況におかれている。しかしそれをただ黙って受け入れているわけではない。

本稿では、フィリピンのルソン島バタンガスBatangas市やネグロスNegros島で、紛争や環境破壊のなかにあって生存と平和実現へ向けて努力している草の根の人びとにまつわる諸事例を紹介し、彼らの経験に学びながら、彼らと私たちがどのような関係で結ばれているのかという問いにまで迫りつつ考えてみたい。

平和と開発――development（開発／発展）とはもともと何だったのか

(1) 暴力の克服と平和

戦争のないことだけが平和ではない。

平和とは、人びとの潜在的実現可能性、たとえば私たちが平均で八十五歳ぐらいまで生きるだろうというような、あたりまえの未来が現実のものとなっていくことだ。ところがしばしばその過程には邪魔がはいる。それを暴力という。だから戦争や紛争の不在だけではなく、飢餓や格差・差別などをふくむ、あらゆる暴力の不在こそが平和なのだ。ノルウェー出身の著名な平和研究者ヨハン・ガルトゥングは平和をこのように定義した。*1

ガルトゥングによれば、暴力はさまざまな類型に分けられる。なかでも重要な類型が、行為者の存在する直接的暴力と、行為者不在で社会の仕組みに組み込まれた構造的暴力だとされる。*2

この区別が重要なのは、暴力の克服方法が異なるからだ。暴漢があばれていたり、戦闘が繰り広げられていたりする直接的暴力ならば、行為者から距離をおいたり、行為者を拘束したり説得したり、停戦交渉・兵力引き離し・非武装地帯の設置といった対応方法が考えられる。これに対して奴隷制や性差別など構造的暴力の場合には、法律や慣習を変え、さらに教育などを通じて偏見や差別感情を縮減・除去していかねば克服できない。

(2)ディベロップメントの誤用と開発主義

開発あるいは発展という用語は英単語ディベロップメント development の訳語だが、このもともとの意味は、平和の説明にもあったように、あたりまえの未来が現実になっていく過程のことだった。潜在的実現可能性あるいは本来性の発現であり、たとえば種子が芽吹いて茎を伸ばし、花を咲かせ、実をつける変化がそれにあたる。また人間の赤ん坊が育っていく過程を発達というが、それはディベロップメントのもうひとつの訳語にほかならない。その意味で、ディベロップメントとは内発的なものだったはずであり、前提となるのがそれを妨害する暴力のない状態、つまり平和だった。

種子でも新生児でも、環境の影響を受けながら、当初からＤＮＡに遺伝情報として組み込まれているさまざまな形質が次第に姿を現していく。こうしたディベロップメントには当然ながら個々の到達点があり、限度がある。子どもの成長を喜ぶ親にしても、身長が三メートルになることを望んではいない。

ところが戦後、ディベロップメントの概念は大きく変容する。一九四九年、トルーマン米大統領は就任演説で「ポイントフォー計画」を発表し、それまで植民地とされていた諸地域を「低開発」と規定した。低開発地域に米国の高度な技術や資本を注入して、その人びとを救っていく崇高な義務が米国にはあると国民に訴えかけたのだ。あたかも「低開発」という病気を援助によって治療しようとするかのように……。

こうして内部に仕組まれた潜在的実現可能性の発現というディベロップメントの意味合いは、外部から導入される開発／発展というイデオロギー、つまり開発主義[*3]に置き換えられた。これがその後は

1949 Inaugral Speech during which President Truman proposed the Point 4 Program. Source: Truman Library

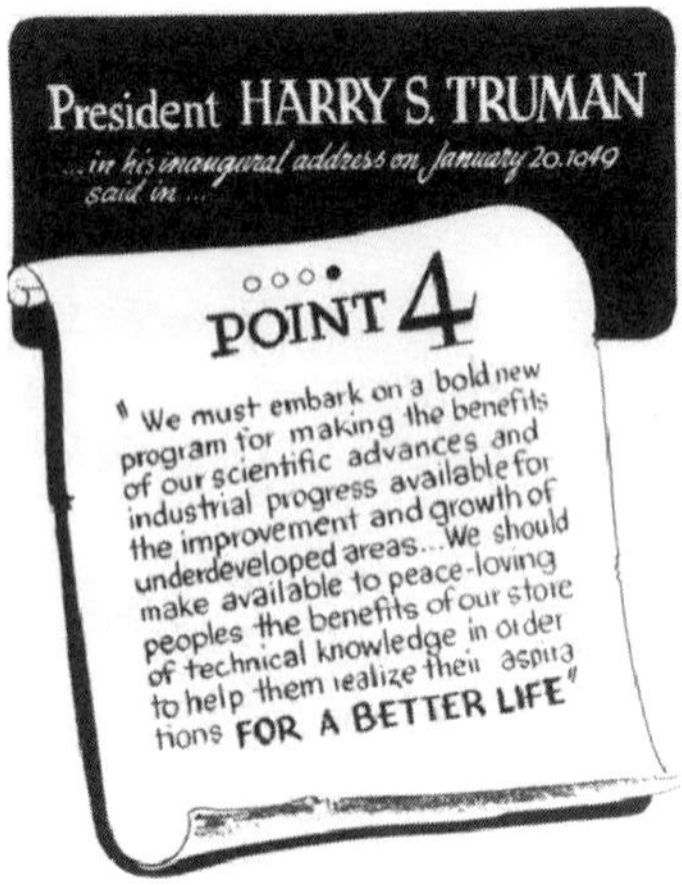

President HARRY S. TRUMAN
...in his inaugural address on January 20, 1949 said in ...
POINT 4
" We must embark on a bold new program for making the benefits of our scientific advances and industrial progress available for the improvement and growth of underdeveloped areas... We should make available to peace-loving peoples the benefits of our store of technical knowledge in order to help them realize their aspirations FOR A BETTER LIFE"

（出典）写真：Point Four Program of Technical Assistance to Developing Nations, Archival Materials at the Library, Harry S. Truman Library & Museum
図：Copy of paragraph from Point Four Message. Date: January 20, 1949, Harry S. Truman Library & Museum

図１　トルーマンとポイント・フォー政策

主流となっていく。国際機関や大学で隆盛する開発経済学やさまざまな開発論が「教義」となってそれを支えた。これを欧米に留学した青年エリートたちが各国へ持ち帰り、最重要政策として展開する核となる。多くの国で政府が目標経済成長率をかかげ、国家的な動員と外国技術・資本の導入によってその実現をめざす開発主義政策を推進するようになった。

この開発主義には、欧米社会をモデルとした単線的発展観、そして際限ない経済成長志向という、ふたつの大きな特徴がある。

政治学者ダグラス・ラミスはこのことをディベロップメントの意図的な誤用と批判する。*4 あたかも開発が自然なことであり、逆らうことのできない当然の過程だと多くの人びとに思い込ませる魔力を持っていたからだ。

（3）開発主義と暴力

冷戦下の当時にあって、社会主義諸国も開発競争に巻き込まれ、旧植民地諸国への影響力を米国と競った。その意味では、社会主義も開発主義のもうひとつのバージョンに過ぎなかった。
米国起源のイデオロギーとしての開発主義、あるいは開発を最優先の政策課題とする開発至上主義は、こうして戦後の世界を覆っていった。東西対立の構図において、腐敗した独裁政権であっても自陣営であればとがめず、米ソは経済援助、さらには軍事援助をも与え続けた。
援助は非効率なばかりか、利益は一部のエリートに偏って社会格差を拡大した。援助事業にともなう用地住民の強制移転や地域環境の破壊は、貧しい人びとからサブシステンス（生存基盤）[*5]を奪う暴力とすらなった。これは開発主義の必然的な結果だった。

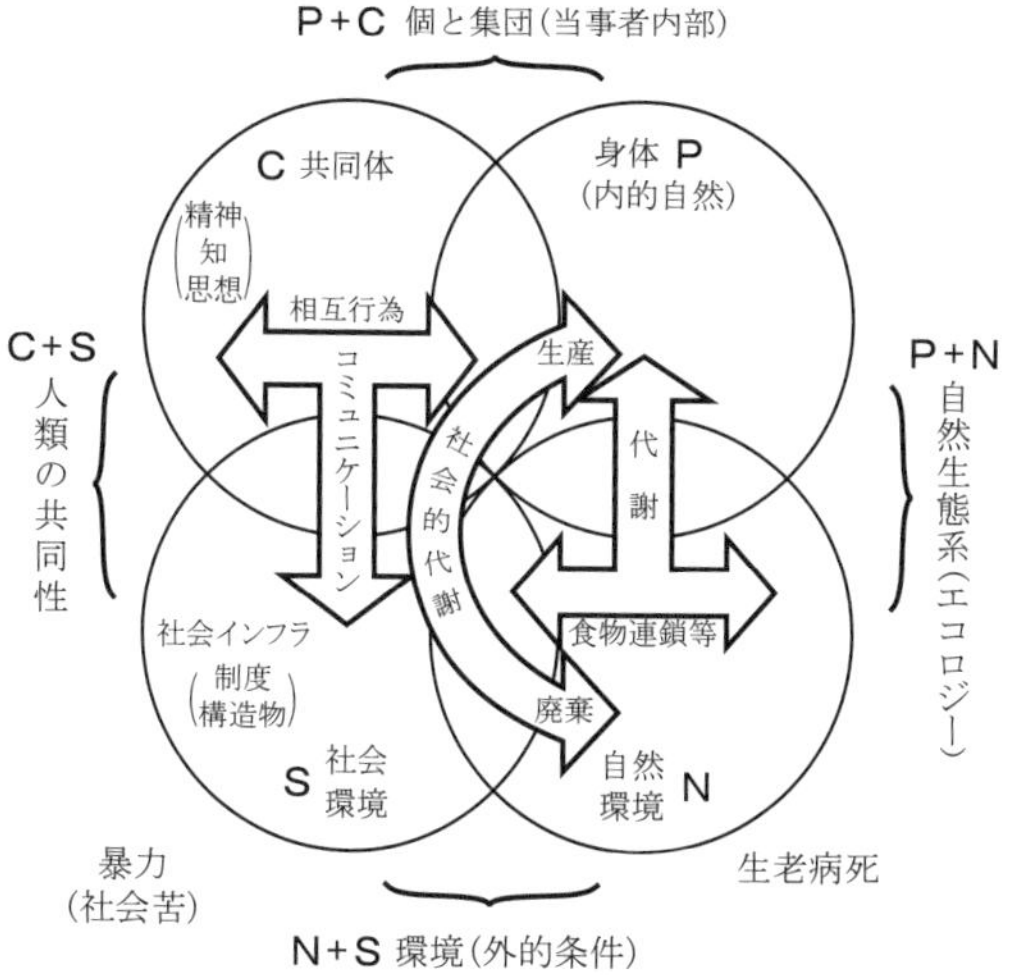

図中で代謝とは物質エネルギー代謝、社会的代謝は社会的物質エネルギー代謝をさす。

（出典）横山正樹「『開発パラダイム』から『平和パラダイム』へ」（戸崎純・横山正樹編『環境を平和学する！―「持続可能な開発からサブシステンス志向へ』第4章、法律文化社、2002年、46頁）の記述より筆者が着想・作図したもの。

図2　サブシステンスの構成模式図

　日本の開発援助（ＯＤＡ）の大部分もこの開発主義にそって計画・実施された。被援助諸国において道路・港湾・通信・空港・発電などのインフラ整備はそれなりに進み、それに応じた経済効果が波及したと言うことはできる。だが同時に贈賄などの汚職が深まり、ODA事業による苦痛を押しつけられた地域住民からの反発も強まった。

その典型例として、バタンガス港拡張ODA紛争[*6]とアポ島住民の違法漁根絶・沿岸保護運動[*7]を取り上げてみよう。それらから導かれる教訓を明らかにすることにより、人びとの生存と再生産の基盤、つまり潜在的実現可能性発現の諸条件のすべてであるサブシステンスを破壊するのではなく、その回復を基軸においたサブシステンス志向の日比関係を展望していきたい。

バタンガス港拡張ODA事業による用地住民強制移転紛争

一九九〇年にコラソン・アキノ大統領（当時）はフィリピンで初めての広域総合開発として「カラバルソン計画」の開始を宣言した。カラバルソンとはマニラ首都圏の南と東に隣接する五州をカバーする地域の名称で、日本などからODAや民間投資を導入し、工業・農業・環境などの総合的な施策を進めようとしたものだ。[*8]
バタンガス港開発はカラバルソン計画基幹事業の筆頭にかかげられるほど重要なもので、フィリピン港湾公社PPAを事業主体とし、日本政府による円建てローン（円借款）が四次にわたって合計二百億円以上も供与された。その内訳は、一九八五年にJICAが作成したマスタープラン（第Ⅰ期〜第Ⅳ期）にそって、まず港湾施設改善のための第Ⅰ期分が約六十億円。これは一九八七年度の第十四次円借款と一九九〇年度の第十七次円借款の合計だ。次いでマニラ国際貿易港の補完機能整備をめざす第Ⅱ期工事分が一九九六年度の第二十一次円借款八億七千六百万円と一九九八年度の第二十二次円借款百四十五億五千五百万円として実施された。

ここで深刻な問題が、バタンガス港拡張第I期工事のための用地確保にかかわって発生する。旧港湾に隣接するサンタクララ地区はバランガイ、つまり都市における自治街区ないし農村部の自治村という地方自治の最小単位をなす。公選末端首長であるバランガイ・キャプテンとこれも選挙による地区評議会議員（カガワッド）によって自主的に運営されてきた。その住民たちが事業用地収用のため移転させられることになり、条件闘争が始まった。住民たちの多くは地元から離れずに隣接地への移転を要求した。これに対し、PPAは七キロ離れたバレテ地区と十五キロも遠方のシコ地区への移転を提案、住宅の提供などにより一部住民はこれを受け入れたが、約五百世帯が拒否、PPAと対立していた。港で物品

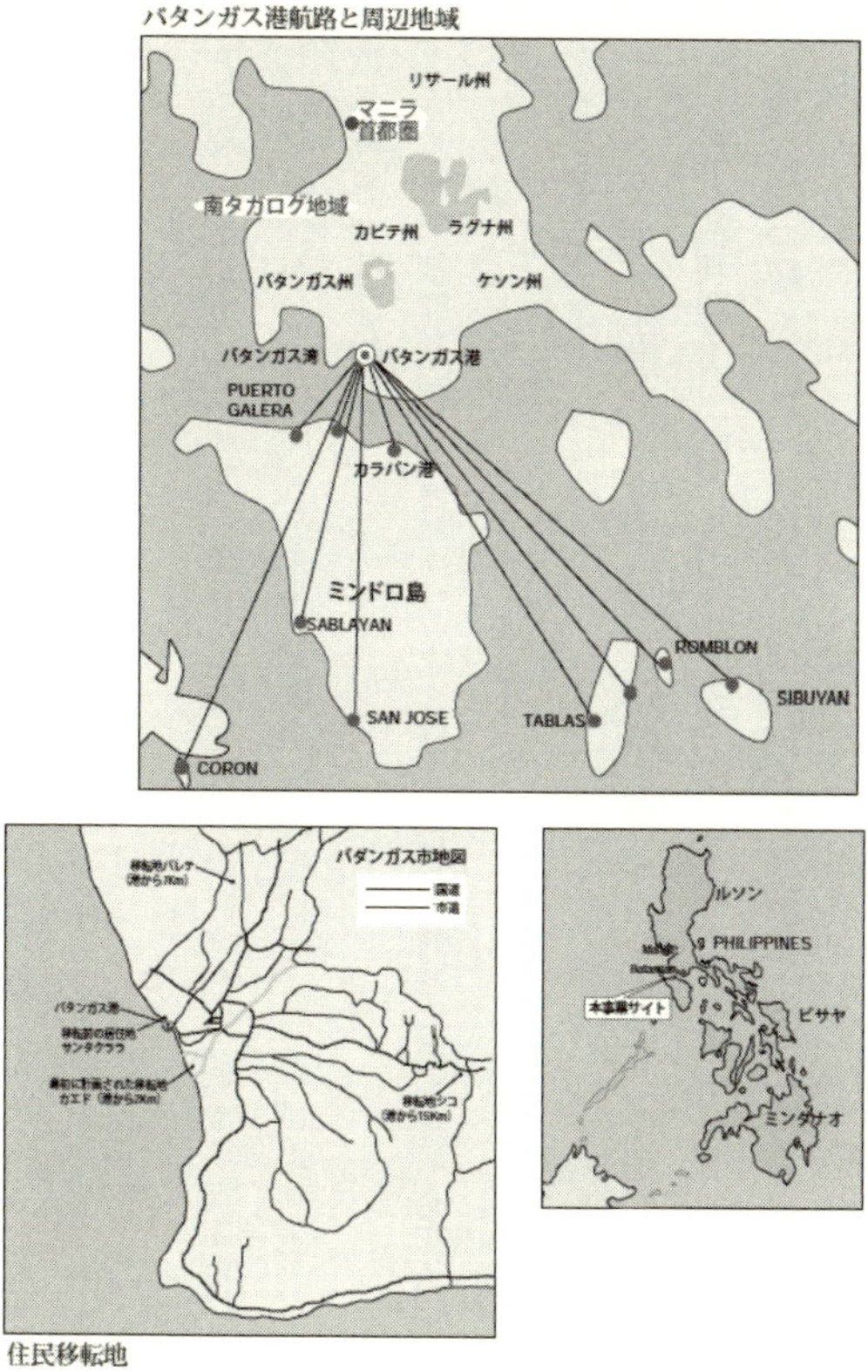

（出典）国際協力銀行プロジェクト開発部編『円借款案件事後評価報告書 2000』（全文板・第 2 巻）国際協力銀行、2000 年、71 頁

図３　バタンガス港開発事業関連地図

販売などさまざまな仕事をして生計を立てていた住民たちなので、移転すると働き口を失ってしまう。移転拒否は当然のことだった。女性バランガイ長のリーダーシップのもと、移転拒否派住民たちは結束を固めていた。

そこへ一九九四年六月二七日、住民たちの強制排除と家屋の取り壊しが警察や軍隊まで動員して行なわれ、発砲などで住民五名が重軽傷を負った。そのため日比両国内で批判が高まり、日本政府は円借款供与を一時凍結した。

こうした強制取り壊しはフィリピン各地で日常的に行なわれており、「デモリッション」と呼ばれる。住民たちは「スクウォッター」(不法占拠者)と決めつけられ、住み慣れた地から追い出されて、建物も破壊・撤去される。

サンタクララ住民たちは諦めず、道路を挟んで反対側の湿地のような空き地に地主の承諾を得て仮移転した。裁判闘争と国内外の世論喚起をそれから十年間も粘り強く継続する。裁判ではデモリッションの違法性が認められ、住民たちは賠償を受け取ることができた。それを原資に近隣の養魚池を買い取って埋め立て整地し、そこを一家族五十平米ずつ分配し、家を建て、最終的に彼らは自主的な移転を果たした。

このバタンガス港開発事業第Ⅰ期工事は、その主体の第十七次円借款五十五億円分が一九九一年三月に交換公文締結、同7月借款契約調印されたものの、この移転問題で大幅に遅れて、貸付完了となったのは一九九九年七月だった。

アポ島における海洋保護区の設置と住民

フィリピンのアポ島は、生物多様性に富むダイビングスポットとして、いまや国際的に知られる。北のルソン島、南のミンダナオ島というふたつの大きな島の間に、大小たくさんの島々で形づくられるビサヤ諸島があり、ネグロス島はその主要な島のひとつ。島の中央を南北に走る山脈で隔てられた東側の南寄りに、ネグロス東州の州都ドゥマゲテ市 Dumaguete City が位置する。米国人宣教師たちにより建てられたプロテスタント系の名門シリマン大学 Silliman University をはじめ、いくつもの大学が全国から学生をこの街に引き寄せる。シリマン大学は筆者が勤務するフェリス女学院大学の協定校としてすでに十年の歴史をもち、留学生の交換に加えて毎年十一月には筆者の引率で十名ほどの学生たちがエクスポージャー（平和学の体験学習）[*9]に訪れている。

そのドゥマゲテの街から陸路三十分ほど南下し、エンジン付きの小舟に乗り換えて、

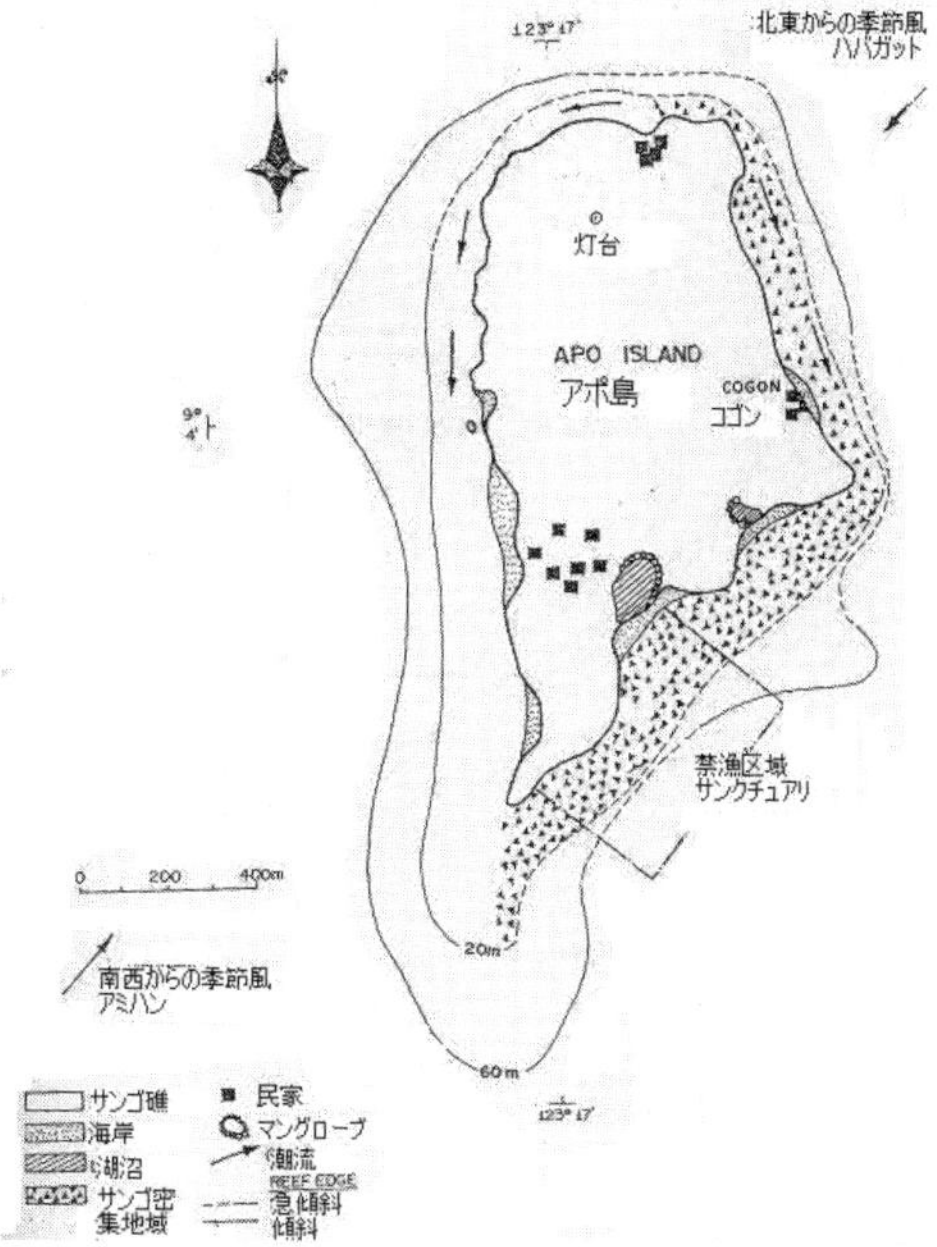

（出典）アルヘン・アルカラによる次の地図を伊藤美幸が翻訳・加工したもの。Angel C. Alcala, *Marine Reserves in the Philippines; Historical Development, Effects and Influence on Marine Conservation Policy,* The Bookmark, Inc., 2001, p. 73

図 4　アポ島と禁漁区域

風と波の具合や潮流にもよるが、だいたい一時間弱でアポ島に着く。

面積七十二ヘクタールのこの島で、約八百人の住民たちは主として漁業と観光関連の副業を営む。小規模のリゾートとダイバー宿が一軒ずつあって、合計数十人の滞在が可能だ。全島でひとつのバランガイを構成し、行政的にはネグロス東州のダウインDauin町に属している。

アポ島が有名になったのは、ここに東ネグロス州海洋保護区Negros Oriental Marine Conservation Park（通称サンクチャリー）が設置され、それが島民たちの共同管理で二十年以上もうまく機能してきたからだ。アポ島では違法漁業追放と禁漁区設置・管理を軸とした住民主体の活動が一九八〇年代から続けられていて、画期的な成果をあげてきた。フィリピンの多くの漁村でも類似の試みが行なわれているが、このように成功した例は少ない。

自然が復元できる以上の魚を獲ってしまう略奪的商業漁業が世界中で行なわれ、漁業資源の枯渇が深刻化している。しかしそれと並行して、東南アジア各地の沿岸では直接自然を破壊する違法漁の横行といった問題も重なる。

爆発物を海に投げ込んで成魚も稚魚もサンゴ礁も破壊してしまう爆発漁法（ダイナマイト漁）。潜水漁法の一種で、物陰に潜む魚を青酸化合物の注入で半殺しにして網で捕らえ、食用として活魚レストランなど、あるいは観賞魚として輸出業者に卸す毒流し漁（青酸漁）。また、日本語風に「ムロアミ」と呼ばれ、海底をたたいて広げた網に魚を追い込む巾着網漁。ことに爆弾や毒を用いた方法は、漁をする側もひとつ間違えると腕を失ったり毒を吸い込んだりして、まさに命がけの危険な漁だ。

多くの魚の産卵場であり、稚魚の生育場でもあるサンゴ礁など、海の生態系を痛めつけた結果、漁獲の減少に漁民たちは苦しんできた。魚が獲れないから手っ取り早い違法漁法に走るという悪循環もあった。

アポ島海域でも、よそ者だけでなく島民たちによっても各種の環境破壊的漁法が頻繁に行なわれ、魚の生息環境、ことにサンゴ礁が大きなダメージを被った。このため魚は激減し、村人たちが遠くまで漁に出ても魚はいっこうに獲れなくなる。米作に不適なアポ島では対岸のマーケットで魚を売って米を買い入れていたが、それも困難となる。ことに海が荒れるとその間は舟が出せず、食糧供給が途絶えて価格は高騰、それもストックが尽きるとすぐに深刻な飢餓に陥った。

そのころ近隣のスミロン島などで海洋保護活動を進めていたシリマン大学海洋研究所は、アポ島住民たちへも保護を呼びかけ、関わっていく。当初、島の住民は反発し、半信半疑だった者も多かったという。時間と手間をかけた働きかけの結果、島のサンゴ礁の一部を自然保護区として禁漁にする提案に住民たちは合意し、一九八二年にサンクチャリー（禁漁区）が設置された。一九八五年にはダウイン町議会でも東ネグロス州海洋保護区として宣言されるにいたった。

フィリピン国内各地でこうした保護区の設置は試みられているが、その多くが形骸化し、それほど効果を上げていない。ネグロス島の隣にずっと小さいながらもひとつの州となっているシキホール島がある。その一部沿岸にも保護区は設置された。最近そこへも足を伸ばし、シュノーケリングをして実地に見てきたが、サンゴ礁は貧弱なまま、魚種も少なく、さほど回復は見られなかった。アポ島の豊かな海とは大きく異なっていた。

この違いは何によるものだろうか。それは島民たちの間で共通の信念となった環境保護意識と、その主体的な実践といえよう。

おもに女性たちが中心となり、その配偶者たちなど男性も加わって、小グループが交代でバンタイ・ダガット（海の見張り番）を開始した。それも禁漁区を監視して守るだけでなく、漁業をしながら、島の沿岸全域にわたる環境破壊的漁法の根絶にも取り組んだのだ。当初は徹底せず、しばしば紛争も起きた。ルール破りの外来漁民たちには島の漁民が粘り強く説得にあたり、それでも守られない場合には警察も動員した。アポ島の帰属するダウイン町行政が通報により警官を派遣して取り締まりにあたったのだ。

シリマン大学もソーシャルワーカー二名を常駐させ、小ミーティングを島内で数多く開いてサンクチャリーの重要性を伝えるなど、側面からサポートを続けた。ソーシャルワーカーたちの助言により多目的協同組合が組織化され、組合店舗に米を備蓄して、シケのさいにも通常の値段で安定供給できるようになった。

海洋環境保護活動の効果はてきめんだった。離島という孤立した環境条件だったためか、ネグロス島沿岸のように陸からの汚染は及ばず、魚は増え始めた。すぐに二倍も穫れるようになったという。そのうち回復したサンゴや戻ってきた多様な魚類はダイバー客を世界中から引きつけることになった。島の女性たちはTシャツやパレオなどを仕入れて浜で観光客に売り始め、収入向上に役立てた。経済的な安定とともに、環境保護の重要性は住民たちの確信となっていった。

環境保護意識や活動を島の青年たちも「カッコイイ」こととして受け入れた。それが規範となって実体化されていった。サンゴ礁を保護すれば魚が増えるという因果関係は子どもたちにもすぐ理解されるようになり、その子どもたちは成長して、じきに地域を担っていく。二十数年後の現在にも保護意識と活動とがしっかり引き継がれているのだ。

こうして現在に至るアポ島住民の実践は共同体ベースの沿岸資源管理（Community-Based Coastal Resources Management; CB-CRM）、つまり自然資源の再生や保護・管理の主体を地域社会が担うあり方の先駆的成功例と高く評価され、共通の課題を抱える地域に島民が助言者として招かれたり、また世界各地からの見学者も絶えることがない。

おわりに――草の根デモクラシーとサブシステンス志向への旅

取り上げたふたつの事例は、紛争の性質や困難性など暴力の内容面において違いがある。また住民の取り組みのありかた、ことに支配的な権力との関係も大きく異なる。しかしそこには以下のような共通する特質もあった。

第一に、暴力を克服する自力更生主体として、住民たちが長期にわたって団結を維持し、その草の根デモクラシーの力量を十分に発揮してきたこと。行政への働きかけを始め、裁判闘争、監視活動や協同組合の運営、末端自治体であるバランガイ政治への関与など、めざましい成果をあげている。とくにリーダーに恵まれたこと、バランガイが運動の基盤となっていたことなどは、重要な要件だった。

つぎに、立場の異なる人びとの支持・支援をあげることができる。つまりバタンガス港の事例ではジャーナリストや教会指導者の協力を得ただけでなく、マニラのＮＧＯや日本の支援運動との連携が世論形成に大きく役立ち、裁判過程にも影響を及ぼしたに違いない。アポ島のケースもシリマン大学関係者を始め、米国のイリノイ州にアポ島の生態系を再現展示する水族館（Philippine Wild Reef Exhibit, The John J. Shedd Aquarium, Illinois）ができるなど、ネットワークは大きく広がっている。

第三の点は、開発主義に歯止めをかけていく、サブシステンス志向の活動展開だ。「快」を求めるのではなく「不条理な苦痛」や格差を縮減する方向へ人びとは確かに努力してきた。開発事業の一部としての移転先の住居といった利益供与の拒否や自主移転地での住宅地配分における平等主義、違法漁の根絶・禁漁区設置などに代表されるさまざまな禁止則の効果的運用による生態系回復および社会関係充実化の実現など。開発主義に流されるのではなく、それとは逆方向のサブシステンス志向が色濃く見られる。

アポ島では、禁漁区設置という自分たちへの抑制を基礎におき、外来漁民への監視や説得、そして観光ダイバーへの指導にそれが結びついていった。「手袋禁止、着底禁止、サンゴや魚に触れること禁止、しかも見回りがあるという、きびしい条件」と、日本からのダイバーがインターネットに書き込んだウェブページもある。他の海域にくらべて、禁止則の遵守が徹底されている様子をこれはよく示している。

さらに一日あたりのダイバー入域数を制限して、環境負荷の増加防止を図っている。二軒のリゾートも小規模のまま、大型の船は近寄らせず、観光客の往き来も小舟だけだ。島外からの人口流入さえも抑えているという。島にはクルマがない。飲み水は対岸から運ぶ。電気も夜九時までの小型自家発電機のみ。際限のない「快」を求める開発主義への歯止めがかかったサブシステンス重視の方向性だ。

ただし住民たちに、サブシステンス志向はあまり明確に意識化されていない。今後これは弱点となる可能性もある。万一、島の有力者が日本の投資家に買収され、リゾート施設をどんどん建設するなど、有名観光地で汚染の進むボラカイ島のようになってしまっては大変だ。

日本との関係において、バタンガス港とアポ島の事例が示唆するものは何だろうか。

バタンガス港開発は日本のODA事業だった。その意味で強制移転住民たちにとって、日本は加害側となった。彼らを追い立てたのは日本とフィリピン両国政府の開発主義だった。

しかし住民たちが裁判闘争と自主移転地獲得に力を集中していた時期に、日本からは市民的な支援が続けられた。強制移転を日比両国のマスコミが取り上げたこともあり、それ以上の手荒な方策は控えられた。アロヨ政権下で政治的殺害が頻発するフィリピンの現状からすると、国際的な注視は人権侵害への一定の抑止力ともなりうる。

日本のODA事業はこれまで多くの環境改変と貧しい住民たちの強制移転を引き起こしてきた。これからは方向性を逆転させ、何かを為す（do）のではなく、これまで壊してきた環境の修復と、広げてきた格差の縮小に向かう、つまり開発を解除（undo）する方向への協力として組み換えていくことが望まれる。

日本からのダイバーや観光客がアポ島に行ったとき、水や電気が自由に使えず、その不便さに文句がでるかもしれない。もっと快適なリゾートがあればいいと思うとき、もう開発主義が頭を出している。それが環境を破壊し、格差を拡大してきた元凶だ。そんな危うさに気づくために、なぜそうしたライフスタイルなのか、地元の人と話をしてみるといい。

バタンガスやアポ島へ、いちどきには少人数であっても、代わる代わる日本など外部からの訪問者が絶えないとしたら、そんな状態は望ましかろう。

住民たちの自力更生努力はそれぞれに大事な実を結んできた。どちらの事例においても彼らの経験から学ぶべき点がたくさんある。また遠く離れた地から関心が寄せられるごとに、彼らは誇りをいだき、これまでの成果と方向性に自信を深める。草の根デモクラシーとサブシステンス志向の運動成果は境遇や課題の共通した他の人びとにも着実に伝えられていく。

立場が違っていても、こんな交流と共感を重ねるなかから、開発主義に囚われずに、それを相対化していく意識がともに深められるのではないか。そこにこそ、また人を募ってフィリピン各地を旅する平和学的エクスポージャー（現場での相互交流学習）の意義と醍醐味があるというものだ。

追記――本稿における最新アップデート部分は、茨城大学人文学部伊藤哲司教授を研究代表者とする科研費共同研究「東南アジアにおける地域コンフリクトの予防・緩和と『共生の知』の創出」において実施した二〇〇七年九月、二〇〇八年三月および八〜九月におけるフォローアップ調査の成果である。

＊1　人間あるいは人間集団の、身体的あるいは精神的な自己実現の現状 actual realizations が、その人たちの潜在的な実現可能性 potential realizations 以下に抑えられるような影響を受けているならば、そこには暴力が存在するとして、潜在的実現性 the potential と現実 the actual、あるいは、達成され得たはずのものと現実の状態との格差の原因を暴力とガルトゥングは定義し、そうした暴力の不在を平和とした。Johan Galtung, "Violence, Peace, and Peace Research," *Journal of Peace Research*, *Vol. VI, No.3*, 1969, p.168. 邦訳書『構造的暴力と平和』（ヨハン・ガルトゥング著、高柳先男・塩屋保・酒井由美子訳、中央大学出版部、一九九一年）五〜六ページ。
＊2　*Ibid*., p.171. 同訳書、一一〜一二ページ。

＊3　C・ダグラス・ラミスやアルトゥロ・エスコバールらは、開発主義の起源をこのトルーマン演説に求めている。第三世界へ向けた米国投資の正当化を意図し、米ソ冷戦下において第三世界を自陣営に取り込む戦略だった。この演説を契機に広められていく、開発を諸政策の最優先目標に掲げて国家的動員をはかるイデオロギーが開発主義だ。横山正樹「第三世界と開発・環境問題」横山正樹・涌井秀行共編『ポスト冷戦とアジア――アジアの開発主義と環境・平和』中央経済社、一九九六年、四二〜四三ページ。

＊4　Lummis, C. Douglas, "Development is Anti-Democratic", *Kasarinlan, Vol.6, No.3*, 1st Quarter 1991, pp.25-57.

＊5　もとは食糧をはじめ生活用基本物資をさす一般用語で、経済学ではしばしば「生活資料」と翻訳されてきたが、ここではサブシステンスを生命の存続と再生産を支える生命維持系（システム）ととらえ、「個と集団の本来性（潜在的実現可能性）を発現させ、類として永続させる諸条件の総体」と再定義し、開発主義からの脱却を通じて人間と自然生態系との関係および社会関係のすべてから暴力をなくしていく「サブシステンス志向」を進める意味合いで用いている。横山正樹「環境平和学としてのサブシステンス論」郭洋春・戸崎純・横山正樹編『環境平和学――サブシステンスの危機にどう立ち向かうのか』第十一章（法律文化社、二〇〇五年）参照。

＊6　詳しくは筆者が主査となって調査し、その成果をまとめた『外務省委託研究報告書・フィリピンの運輸インフラ――経済協力評価報告書』（財団法人日本国際フォーラム、二〇〇〇年三月付、実際には二〇〇二年二月発行）、および横山正樹「開発援助紛争の防止へむけた平和学的ODA事業「評価」の試み――フィリピン・バタンガス港の事例分析から」（國學院大學経済学会『国学院経済学』大崎正治教授退職記念号＝第五十六巻第三・四合併号、二〇〇八年）を参照されたい。

＊7　以前、私の指導する大学院生がこのアポ島を調査地のひとつとして数年にわたり何度も訪れ、関係者にインタビューを繰り返して論文にまとめ、共著書の一部として出版した。この事例について詳しくはその論文、伊藤美幸「飢餓問題の解決とサブシステンス志向―エンタイトルメントと暴力概念によるフィリピンの山村・漁村の飢餓分析」（郭・戸崎・横山編『環境平和学―サブシステンスの危機にどう立ち向かうか』第五章、法律文化社、二〇〇五年、八九-一〇八ページ）を参照いただきたい。本稿も同論文によるところが大きい。

＊8　Department of Trade and Industry, *What is Calabarzon?*, undated, p.4.

＊9　エクスポージャーについては、横山正樹「第三世界と先進工業諸国にわたる市民連帯は可能か」（久保田順編著『市民連帯論としての第三世界』文眞堂、一九九三年、二五〜六四ページ）において紹介し、さらに横山「大学を平和学する！」（岡本三夫・横山正樹編『平和学のアジェンダ』法律文化社、二〇〇五年、第九章、一六三〜一八九ページ）にて説明を加えているので参照いただきたい。

憲法九条と平和構築

――対テロ戦争への国際貢献とは自衛隊を海外に派遣することか？

佐藤安信（東京大学）

はじめに

本稿では、憲法九条と平和構築について考える。近時、日本政府は、対テロ戦争への国際貢献として自衛隊を海外に派遣し、憲法九条をもそのために見直すべしという倒錯した議論もまかり通っている。しかし、憲法九条の理念に適った日本らしい平和構築支援のあり方をこそ今議論すべきであろう。

憲法九条は、戦争放棄と題して以下のように規定している。

「日本国民は、正義と秩序を基調とする国際平和を誠実に希求し、国権の発動たる戦争と、武力による威嚇または武力の行使は、国際紛争を解決する手段としては、永久にこれを放棄する。

前項の目的を達成するため、陸海空軍その他の戦力は、これを保持しない。国の交戦権は、これを認めない。」

この徹底した戦争放棄を前提とした平和構築支援が現実に可能なのであろうか。まずは、私自身のカンボジアでの体験から話を始めてみたい。

ＵＮＴＡＣの体験から学ぶこと

私は、一九九二年から九三年にかけての国連平和維持活動（ＰＫＯ）である国連カンボジア暫定統治機構（United Nations Transitional Authority in Cambodia：ＵＮＴＡＣ）に人権担当官として参加した。ＵＮＴＡＣの任務は、一九九一年のカンボジアに関する包括和平協定（パリ和平協定）を実施することである。つまり、紛争四派の武力闘争を自由で公正な総選挙によって終結させ、正統政府を樹立することが目指された。従来の軍事監視要員による停戦監視型のＰＫＯと違い、そのために多くの文民が参加したいわゆる複合型のＰＫＯであった。とりわけ、人権担当官は、自由かつ公正な選挙が実質的に行われるために広範な権限を有していた。その権限は、言論の自由を含む政治的人権ばかりでなく、差別や拷問禁止など人道的な課題に対しても、包括的で具体的な調査、監視権限を持ち、同時に人権教育などの啓蒙的な活動まで及んだ。担当官は、首都プノンペンばかりでなく、各州に一名の人権担当官が置かれた。

私は、プノンペンに一月ほど滞在の後、コンポンチュナン州の担当官として一年弱当地に滞在した。そこで待ち受けていたのは、過去の埋もれた虐殺ではなく、今まさに目の前で繰り広げられるポルポト派（クメール・ルージュ）によるベトナム系住民の無差別虐殺であった。*1 ポルポト派は、パリ和平協定に違反して武装解除を拒んでいたが、その理由は、未だにベトナム軍の民兵が潜んでいるということであった。このことをアピールするために、既に二世代、三世代とカンボジアに土着化したベトナムから来た貧しい漁民がスケープ・ゴートとされたのだった。ベトナムの度重なる侵略で領土を失ってきたカンボジアの民衆にとって、ベトナム人は歴史的にも反感と差別の対象であった。このような政治的なプロパガンダによって、UNTACによる選挙の実施に揺さぶりをかけようとしたわけである。このような隣国同士の歴史や、そもそもなぜカンボジア内戦が始まり、国際社会はこのときまでこのジェノサイドともいうべき百万、二百万人ともいう大量虐殺を放置してきたのか、という国際政治の脈絡の理解無しには適切な支援はなしえないであろう。*2

同時に、現地の紛争の構造要因を見極める必要がある。ポルポト派が自民族を大量虐殺したことは公知の事実であるにも関わらず、かくも長く戦闘能力を持つことができたのには理由がある。当初、明石UNTAC特別代表は、タイ政府に要請して、タイとの国境を封鎖して、ポルポト派が武器を購入するためのルビーなどの取引を遮断した。しかし、実はポルポト派の資金は、このような国境貿易というよりは、むしろ国内の支配領域における森林伐採による木材を政府軍を介して密売することによって得られていたのであった。つまり、ポルポト派と政府軍は戦闘をする裏で互いに手を結んで取引をし、ポルポト派によって伐採された木材は、日本などに正規のルートを通じて輸出されていたのである。このように戦闘を隠れ蓑にした戦争経済、と言うか紛争を持続させる経済の仕組みができあがっており、これが軍の解体を阻む大きな構造要因の一つとなっていたものと思われるのである。

このようにUNTACの経験からは、歴史や国際政治ばかりでなく、紛争を支える地下経済の構造などの現地社会の持つ合理性への理解がなくては、紛争社会から平和への脱却が困難であることがわかる。以下、UNTACを機に国連が進めてきた平和への活動として最近良く聞かれる平和構築について概観する。

平和構築という課題

平和構築という課題は、もともと国連PKOの試行錯誤による発展の中から生まれた。当時の国連事務総長のガリ氏が、一九九二年に"Agenda for Peace"（「平和への課題」）という小冊子において、冷戦後の国連強化のための提言として、preventive diplomacy（予防外交）、peacemaking（平和創造）、peace-keeping（平和維持）、post-conflict peace-building（紛争後の平和構築）などを挙げた。ここでは、平和構築は停戦を実現する平和創造、停戦を維持する平和維持に対して、紛争後（あるいは平和維持活動の後）の復興から平和への定着に至る段階のことを意味した。

しかし、紛争後の平和構築とは、実際には紛争の再発防止という紛争予防を行うことまで含まざるを得ない。また紛争が再燃すればこれを調停して武力衝突を収める平和創造をも含み、停戦が実現すればこれを維持する、つまり平和維持ということまで実質上含むことになる。そこで、これら一連の活動を包括する平和構築概念がカナダ政府などから提唱された。これを受けて九七年にOECD（経済協力開発機構）のDAC（開発援助委員会）は、「紛争、平和と開発協力に関するガイドライン」を発表し、紛争前、紛争中および紛争直後、紛争後の各段階における開発援助の果たす役割の重要性を確認した。ここでは「平和構築」を「人間の安全保障のための持続可能な環境を作る手段」であると定義している。その上で、開発援助の目的は、「法の支配の強化」と「民主化プロセスへの一般市民の参加」の促進であるとして、段階ごとに具体的な提言を行っている。DACは二〇〇一年に同ガイドラインの追補を出し、二〇〇三年にはこれらを総括した、Helping Prevent Violent Conflictというガイドラインに纏めている。これには、紛争予防を中心的な課題として、ジェンダーやビジネスなどの新たな観点が盛り込まれている。

国連も二〇〇〇年八月に発表されたいわゆるBrahimi Report（Report of the Panel on United Nations Peace Operations（A/55/305-S/2000/809））により、平和維持活動の役割強化のため、紛争予防の強化、平和維持と平和構築の不可分性の認識、「法の支配」の強化などを提唱し、平和構築を包括的に捉えている。このように現在では、平和構築の概念は、開発援助との連携を一層図って武力紛争の予防を射程に入れた包括的なものとして主張されているのである。

これを概念図として示したものが下の図1である。平和構築は、上述のUNTACの経験から平和維持活動を試行錯誤の中で発展させてきたものである。

一九九二-九五年の旧ユーゴの紛争に派遣され

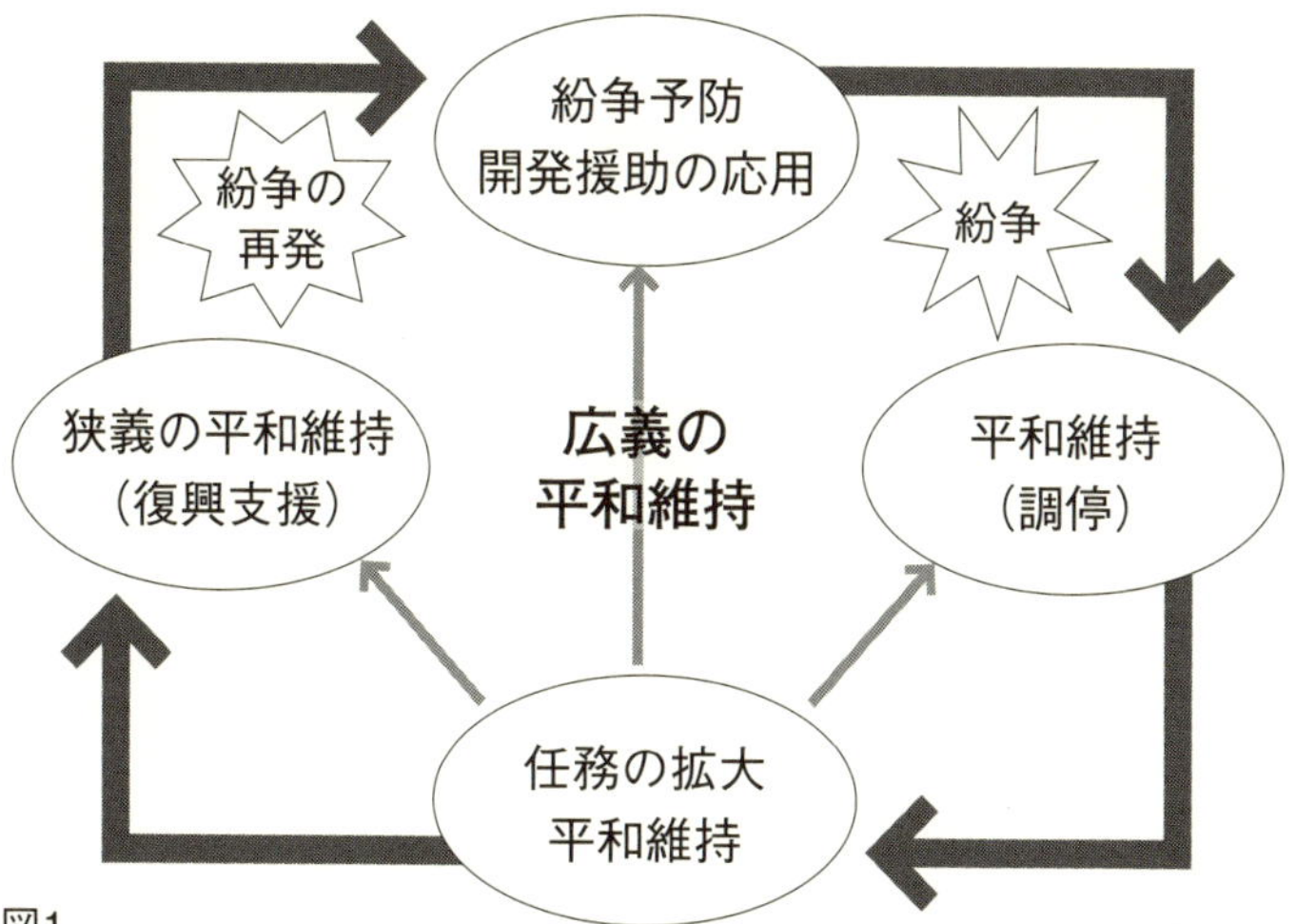

図1

た国連保護隊（ＵＮＰＲＯＦＯＲ）は、停戦合意自身の有効性が問われた中で派遣され、紛争の拡大を国連の存在によって抑止しようとした。しかし、その任務は国連ＰＫＯが現実には十分な武力を行使できないという限界によって達成できず、ＮＡＴＯの軍事力によって取って代わられることになった。これと対照的なＰＫＯが一九九三-九五年のソマリア紛争に派遣された第二次国連ソマリア活動（ＵＮＯＳＯＭⅡ）であった。これは、ガリ事務総長が前出の「平和への課題」の中で触れたpeace-enforcement（平和執行）によって武力行使にまで踏み入ったために、紛争の当事者となって失敗してしまった。一九九九-二〇〇二年の国連東チモール行政機構（ＵＮＴＡＥＴ）は、東チモールの選挙後の混乱と多国籍軍の治安維持を受けて、復興支援という狭義の平和構築を主要任務とするＰＫＯと位置づけられる。そこには紛争の再発防止のための開発援助の応用が見られる。国連ＰＫＯの任務は復興支援、紛争予防、紛争の調停という紛争を非暴力的に処理するあらゆる局面に拡大し、これら一連の活動を包括する広義の平和構築に取り組むことになってきたのである。

このように平和構築を包括的なものとして広義に定義すると、たとえば「武力紛争の（再発）予防をして平和を定着させる一連の活動」ということもできよう。

このような包括的平和構築という課題に対処するためには、軍事力／武力または暴力の行使の当否を含めた包括的な研究が必要となる。戦争放棄と国際協調主義を憲法の一大原則としている日本としては、軍事力を用いずに平和構築に貢献する道が求められているのであるから、当面ＯＤＡを用いた非軍事的貢献のあり方を追究することになる。しかしながら、平和構築が多国間の協力と国際機関との連携による国際的な活動であることからすれば、上述のＵＮＰＲＯＦＯＲやＵＮＯＳＯＭⅡの失敗にみるとおり、現実問題として軍事的な局面を無視することはできない。

カナダは、Defense, Diplomacy and Developmentの頭文字をとって、3Dを平和構築に取り組むための柱と考えている。ドイツも平和構築の重要な要素として、民軍協力を挙げており、治安のための武装した文民警察官の役割を強調し、法曹などの司法関係者の関与をも推進している。このように平和構築のニーズからすれば、本来軍事を研究の対象からはずすことはできない。平和維持や平和構築のための自衛隊の海外派遣についても当然軍事的な側面も勘案し、その活動の内容、役割、意義と方法が問われるべきであろう。

ここで留意すべきは、平和構築といっても、そもそも上述の国連の活動と、いわゆる対テロ戦争と言われる、米国を中心とする有志連合による軍事活動とは明確に区別されるべきであるということである。二〇〇一年九月一一日の米国における同時多発テロ直後の報復戦争とも目される（自衛のための先制攻撃とされる）米国を中心とするアフガン攻撃には、国連の明確な承認があったかが問題とされた。二〇〇三年のイラク攻撃に至っては、国連安全保障理事会における常任理事国の明確な反対を押し切って行われた。いずれも、従来の国連による平和活動とはいえない。このような国連による正統化が疑問視される活動に本来軍事組織である自衛隊が組み込まれることはやはり、憲法九条の見地から問題がある。ましてや、米軍との一体化という最近の流れの中で、平和への国際貢献を旗印に自衛隊を海外に派遣することは、九条をなし崩し、あるいは改変することにつながることにもなろう。

本稿は、憲法九条を論ずることを目的にするものではない。ただ、平和構築に日本が貢献する上で九条を改変すべきだという議論があるとしたら、それは本末転倒の倒錯した議論である。平和構築には軍事はつきものであるとしても、非軍事の活動で貢献する道はあるのであって、九条を誠実に遵守しようとすればその道こそ模索すべきであろう。さらに、国連を通じて、国際協調する上で、日本の独自性は尊重されるべきであろう。米国との同盟関係を維持するという政治目的においても、炯炯と米軍と一体化するというのは得策ではなかろう。むしろ米国に対しても一定の距離を置き、非軍事の貢献に徹することでその存在意義をアピールできよう。つまり軍事に参加してしまっては、現地の人々の信頼を得られない場合もあるのであり、軍事的中立性を武器にして関係を調停したり、ガバナンスの向上を支援したり、あるいは、紛争構造になっている戦争経済に替わる代替経済の仕組みを造るなどの文民ならではの仕事はむしろ平和構築の中核的な活動なのである。これによって米国など軍を出す国々の信頼を勝ち得るということでなければならない。そうでなければ、同盟という名の隷属に甘んじることになろう。

日本は、二〇〇三年のODA大綱で、人間の安全保障をODAの指針とし、平和構築を取り組むべく重要課題の一つとし、その後のODA中期目標でもこれらを具体化している。これは、他国に先駆けて、開発援助の応用による平和構築の取り組みを主導しようとする、誠に賞賛すべき方向性であるといえよう。しかし、その各論、具体的な内容ということについては未だ不十分であるといわざるを得ない。

日本が取り組むべき専ら非軍事的貢献のあり方として、開発援助の応用の観点から以下のような分野がありうる。

①社会には当然存在すべき紛争を「暴力」によらずに処理するための民主的政治プロセスと、「正義」

の実現のための「法の支配」としての紛争処理ガバナンス、あるいはより広く、予防を含めた紛争管理のガバナンス、②貧富の格差や社会的差別などの紛争の構造要因を探究し、これを緩和するための経済・社会開発、③紛争中の避難民へ医療、食料、テントなど救命および紛争直後の動員解除・武装解除・再統合（Demobilisation, Disarmament and Reintegration：DDR）、復旧・復興のための緊急を要する人道・復興援助、さらに逆に④長期的な視点から平和の定着、永続化のための和解や相互理解を醸成し、暴力的紛争を予防する人文・教育分野に焦点を当てた個人のCapability（潜在能力）の開花と自律をめざすHuman Development（人間開発）。これら四分野は、現実には連続し、相互に重なりあい、絡み合っているので総合して取り組む必要がある（下の図2参照）。

たとえば、①の民主主義と法の支配は紛争を非暴力的に処理する制度だが、同時に紛争の要因である政治的抑圧から人々を解放し、人権侵害を是正し、人権を保障するための制度的保障でもある。したがって、②の紛争の構造要因である経済社会的条件にも関わる課題でもある。暴力的紛争でこれらの制度が破綻している場合には、「正義」は紛争当事者同士の「復讐」または「正当防衛」に読み替えられ、復讐または正当防衛の応酬という「暴力の悪循環」を生む

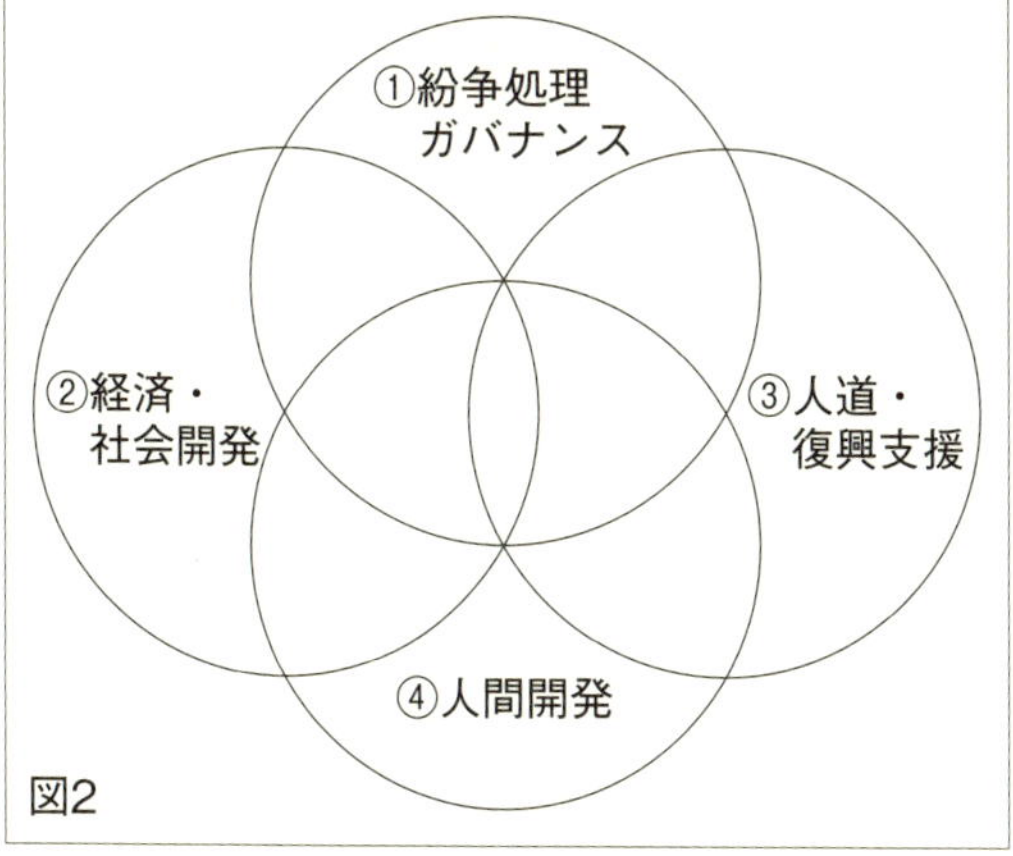

図2

ことにもなる。

この悪循環の連鎖を断ち切って「平和の好循環」に転じるためには、共通の規範と歴史認識に基づいた制裁という、法の支配／司法の共有に基づく強制が必要となる。しかし紛争中および紛争直後にはこのような共通の規範が存在するはずがなく、これを強制するための手続保障が備わった制度も機能しているはずがない。したがって、武装勢力による力の支配と、これを支える紛争経済が慢性化、構造化する。このようないわばアウトローの状態からいかにして抜け出していくかという緊急時および復興期の法の支配と、代替経済の在りようが見出されなければならない。これは、短期的、ミクロ的には③の人道・復興援助、ＤＤＲの課題でもある。いかにして平和の好循環へのインセンティブを与えられるかが問われる。

さらに反面、長期的、マクロ的には復讐心に燃える紛争当事者同士が許し合うことをめざして、和解による憎しみの連鎖を切断するという内面的で啓蒙的な法の支配の確立が求められる。このような法の支配の確立に向けた動的なプロセスである紛争の非暴力的処理制度の復興のための展望が、いわゆるトランジッショナル・ジャスティス（移行期正義）として議論されている。これは暴力的で抑圧的な紛争社会、さらには暴力文化の構造を非暴力的に解体し、新たな制度構築と平和文化の醸成、抑圧された人々の自律と協力、共生を促進するという④の総合的な人間開発の課題でもある。

このように、平和構築の課題は、平和の課題から発して、開発の課題を再考することになった。従来の開発のあり方とそのための援助の根本的な見直しをもたらしたのである。同様に開発理論のパラダイム転換に平和構築との関係で影響を与えている概念がHuman Security（人間の安全保障）である。

「人間の安全保障」概念

上述のとおり、ＤＡＣによると平和構築は、「人間の安全保障のための持続可能な環境を作る手段」であるとされた。つまり平和構築は、先進国によれば、「人間の安全保障」という目的を達成するための手段と位置づけられている。以下、この概念の生成過程とその意義、効用および限界を概観する。

「人間の安全保障」は、平和構築と同じく国連の実務から発展してきた概念であるが、平和構築とはむしろ反対方向の、開発の課題から生まれて安全保障研究、平和学のパラダイム転換に迫る概念であると言える。つまり人間の安全保障は、開発理論が国家の経済成長中心の経済開発から、成長の成果の公正な分配をめざす社会開発、そして人間の潜在能力（Capability）の向上、あるいは人権の伸長をもって開発の目的とする人間を中心とする開発（人間開発）にパラダイム転換しつつあることを背景に、もともと国連開発計画（ＵＮＤＰ）によって新たな開発課題として示された概念であった。ＵＮＤＰの一九九四年の人間開発報告書によると、「人間の安全保障」には、①雇用と収入②食料③疾病④環境⑤物理的暴力⑥地域民族⑦政治的人権の七つの領域が典型的なものとして挙げられている。これら領域が脅かされることは、人間の生存や尊厳を危うくするという意味で人間の安全に直接に関わる。したがって、開発においてこれらの領域を満たすことを優先することが具体的に示唆されたと言えよう。

このような概念が生まれた背景にはやはり冷戦後の世界において、国家間の紛争よりも国内や地域における紛争が顕在化してきた背景があろう。そして紛争の背景に開発の問題がある、つまり「人間の安全」と「開発」は表裏の関係にあると認識されるようになったことがある。この認識は、ガリ前事務総長が一九九四年に国連総会に提出した、「開発への課題」および、UNDPの前記報告書が提出された九五年のコペンハーゲンにおける、国連社会開発サミットにおいて確認された。その背景には社会的不正義が平和を脅かす構造問題であり、開発はこの問題を扱うべきであるとのUNDPの人間の安全保障論があったものと思われる。つまり、開発は紛争予防の問題であることが意識され、個々の人間の安全を保障すべきであるという主張は、これまで蔑ろにされてきた、「開発において疎外された」者への視点を促すことになる。他方、国家では保障されない、国家が十分には機能しない内戦や民族紛争下の人々の、あるいは国家から迫害される人間個人の、さらに一国家の管理を超えた環境問題などの人類共通の安全を、誰がどのように守るのかという問題を提起したのである。

このように、人間の安全保障という考え方は、もともと開発パラダイムの転換過程で新たな課題として主張されたが、開発と平和を繋ぐ架橋概念として展開してきている。つまり、平和構築に非軍事的に取り組むため、開発援助をどのように応用するか、また開発援助が紛争を助長しないようにどのような配慮をするか、という「平和構築」の論点を議論する上での理論的枠組みの一つを提供するものと言えよう。下の図3でみるとおり、「人間開発」と「積極

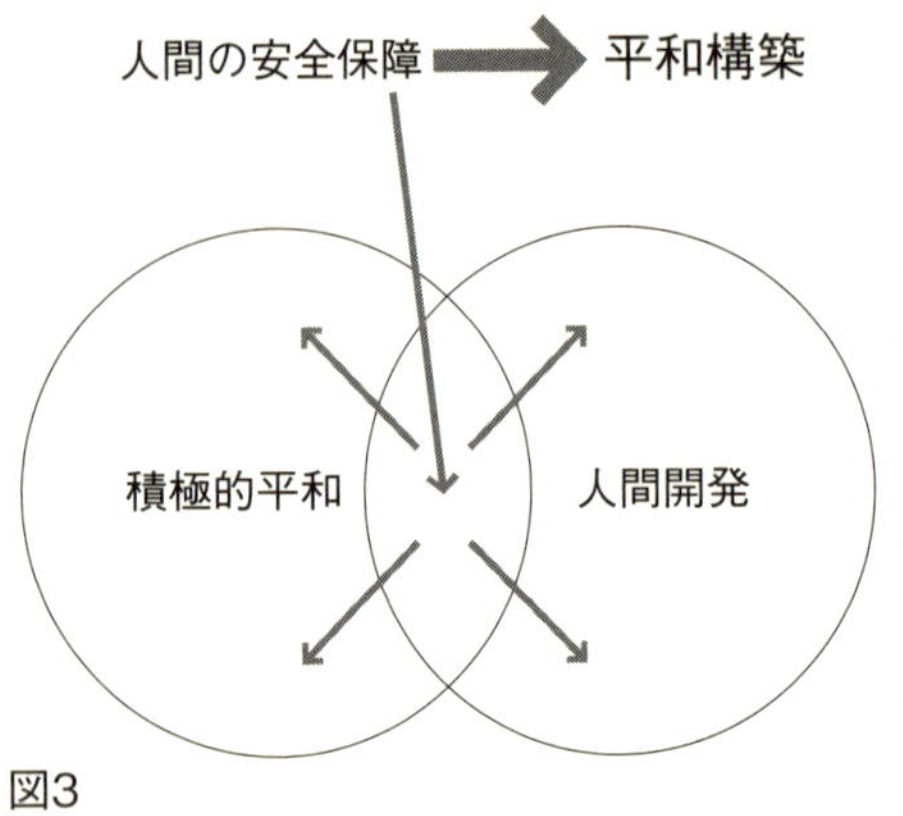

図3

的平和」という概念の重なる部分と捉えることができる。Capability（潜在能力）論を背景に、前述したＵＮＤＰの人間の安全保障論の基礎となるアマルティア・センAmartya Senの言う個人の潜在能力の開発と、ヨハン・ガルトゥングJohan Galtungのいう貧困、抑圧、差別などの構造的暴力のない社会としての積極的平和の重なりを目指す理念だからである。平和構築の課題は、この重なりである人間の安全保障を拡大していくことで、理念的には積極的平和と人間開発がともに連動して実現されていくという意味で、より重なり合うことをめざすプロセスであるとも言えよう。

日本政府は、アジア経済危機への対応として、一九九九年に国連内に信託基金として人間の安全保障基金を設立し、人間の安全保障のための資金面での支援を始めた。さらにそのイニシアティブで、二〇〇一年に緒方貞子国際協力機構理事長（元国連難民高等弁務官）とノーベル経済学賞受賞者の上記セン教授を共同議長とした人間の安全保障委員会を設立し、人間の安全保障の概念化に努めた。同委員会は二〇〇三年五月に最終報告書を発表し、人間の安全保障を「人間の生にとってかけがえのない中枢部分を守りすべての人の自由と可能性を実現すること」と定義している。特に、「貧困」と「紛争」からの個人のprotection（保護）とempowerment（能力強化）を強調する。この意味で、人間の安全保障の理念は、日本国憲法前文第二段の、「われらは、全世界の国民が、ひとしく恐怖と欠乏から免れ、平和のうちに生存する権利を有することを確認する」に反映している。人間の安全保障は、日本国憲法のコンテクストにおいては、人類の歴史への反省の上に、平和的生存権という人権として位置づけられ、日本国民は世界に先駆けて「全人類の」この「人権としての平和」の実現に貢献する責任を自覚していると考えられる。

これに対しカナダも人間の安全保障概念の発展に寄与しているが、両者のアプローチは対照的である。日本はODA大綱でいち早くこの概念を取り込んだように、貧困など、いわゆるガルトゥング流にいえば構造的暴力のない積極的平和を中心テーマとして「能力強化」に重心を置く反面、カナダは対人地雷禁止条約の採択や国際刑事裁判所の設立に奔走したように、直接的暴力としての紛争における人々の「保護」の面を重視してきている。もちろん、両者は相反するものではなく、むしろ貧困と紛争が相互に連関していることからすれば、両者のアプローチは相互補完的なものとなる。ただ、日本は外交上アジア経済危機におけるアジア諸国への支援としてこの概念を用いたのに対し、カナダは歴史的にいわゆるミドル・パワーとして国連の平和維持活動における指導的な役割を演じていくうえで、この概念を使って国際的ネットワークを試みるという外交上のスタンスの違いがある。*3 しかしこの両者の違いは軸足の違いに過ぎず、二〇〇六年に日本が立ち上げた「人間の安全保障に関するフレンズ会合」には、同ネットワークのメンバーも参加し、さらに、人間の安全保障概念に懐疑的であったインドなどより広いメンバーが含まれており、最近は相互協力を深める傾向にある。

カナダは、人間の安全保障を具体化するものとして、国際社会のresponsibility to protect（保護する責任）を唱導してきた。国連内に「介入と国家主権に関する国際委員会（ICISS）」を設置して、いわゆる破綻国家のように国家によって保護されない人々に対しては二次的に国際機関や他の国が彼らを保護する義務があるとして、国連安全保障理事会の承認が得られなくとも必要であれば軍事力を使って人道介入すべきである、といういわゆる正戦論を展開することになる。二〇〇五年九月の国連首脳会合成果文書には、人間の安全保障は総会で今後概念を精緻化することが述べられたに過ぎないが、「保護する責任」は具体的に、「大量殺戮、戦争犯罪、民族浄化および人道に対する犯罪から人々を保護する責任」として記述された。ただし軍事力の行使には国連安保理決議を必要とするとの限定が付された。このように「保護する責任」はある種のソフト・ローとして、9・11以降の米国のアフガニスタンおよびイラク戦争という正戦論をけん制し、軍事力の行使に対する新たなルールをもたらすものと期待されるのである。

しかしながら、本来、「責任」を論じるのであれば、ルワンダの虐殺をジェノサイドとして国連も介入を求めながら国際社会はこれを等閑視したという、不作為責任こそが問われるべきであるが、保護する責任を濫用して他国に介入することを制限することに議論がすりかえられてしまっている感も否めない。ましてや、保護されるべき当の人々、つまりは紛争や人権侵害から逃れてくる難民・避難民を国際的に保護する法的枠組みとしての人権条約等の見直しや、難民条約の改正などの議論には結晶していないことも問題といわざるを得ないであろう。

九条をもつ日本の平和構築支援のあり方

それでは、日本の平和構築支援のあり方はどのようなものであろうか？　ＯＤＡの応用とその外交政策への影響について検討したい。上述のとおり、日本は二〇〇三年のＯＤＡ大綱で、人間の安全保障をＯＤＡの指針とし、平和構築を取り組むべく重要課題の一つとし、その後のＯＤＡ中期目標でもこれらを具体化している。二〇〇七年からは、外務省が平和構築分野における人材育成のためのパイロット事業に取り組んでいる。二〇〇五年の国連首脳会議成果文書によって設立された国連平和構築委員会においても、日本は指導的な役割を演じている。

憲法九条を持つ国として平和構築支援はどうあるべきか？　非軍事的貢献のために何をなすべきであろうか？

人間の安全保障は、上記のとおり日本国内ではいち早くODA大綱の中に表記されたように、国際開発協力実務のなかでのキーワードとされてきた。開発援助を行ううえで、現地の人々の安全保障に配慮し、また貧困削減など、その受益者として弱者に優先順位を置くという趣旨で使われることは、本来のこの概念の趣旨に適うものである。しかし、他方、9・11以降の対テロ戦争への国際協力を軍事への代替手段としてODAで行おうとする言説もある。これは人間の安全保障の別の側面、すなわち「恐怖からの自由」に対応するODAの利用である。日本の外務省は近時その方向でこれを用いることもある。[*4] たとえばインドネシア政府へのODAによる掃海艇の供与は、マラッカ海峡の海賊対策などの対テロ対策への支援ということであろうが、インドネシアが抱える紛争との関係で議論のあるところである。いわゆるアフガニスタン戦争や、イラク戦争への対米支援を正当化するレトリックとして使われる危険もある。抑圧的な政権への抵抗権の行使をテロと呼ぶのは不当だ、あるいはまた、米国による一方的な攻撃こそ国家テロだと非難される場合もある。テロという言葉自体の相対性や政治性への慎重な配慮が求められよう。

日本は、アフガニスタンに対するODAによる支援でDDR（Disarmament, Demobilization, Reintegration：武装解除、動員解除、社会統合）を担当してはきているものの、その成果は疑問視されている。[*5] またこのような治安の悪い現場における援助実務者の安全確保のための武力による保護は、民軍協力の妥当性として議論を呼んでいる。民軍協力の一つとして、アフガニスタンの地方において、軍が治安維持警察支援などを行い、軍に守られた文民が教育や保健分野の支援を行うといういわゆるＰＲＴ（Provincial Reconstruction Team：地方復興支援チーム）などへの日本の協力の是非も問われている。

これらは、一見、文民による復興開発支援が行えない場所に支援を行う必要から望ましい連携ではあるものの、攻撃を仕掛ける当事者からは軍の活動の一環と見られかえって攻撃の的にされる危険もある。また、まさしく軍事のために民間支援が利用されるという本末転倒の事態も想定される。憲法九条および武器三原則のような軍事協力を行わない建前の日本のＯＤＡでは、治安が悪い地域での支援には、対テロ対策への支援同様、困難で複雑な問題を抱えている。

他方、人間の安全保障とともに、ＯＤＡ大綱に謳われ、対になって使われる「平和構築」概念同様、人間の安全保障も国外事項として議論され、国内の問題とは分断されて扱われてしまう点に留意すべきである。特に日本のように、排外的な閉鎖社会が戦後も維持、強化され、国外の紛争に対しての人的貢献を避けてきた国では、身近に感じられない紛争の脅威に対して、このような美名の下に新たな見えない壁を知らず知らずに設けられてしまう危険がある。そもそも、日本に庇護を求めてくる難民は、グローバリゼーションの時代にあって当然のことなのではあるが、日本における難民保護が日本による人間の安全保障の実施そのものの問題であることはほとんど言われていない。難民の認定手続きは改善されたとはいえ、まだまだ狭き門であり、庇護申請者に対する仮滞在手続きなどの法的地位が認められたとはいえ、申請者が収容される事例が近時増えているという。*6 認定された難民への支援も未だ十分とはいえず、外国人一般に対する偏見や差別も根強いのが実情である。つまり、同じ人間であることにより平等に享受すべき人権は、国籍という特権を持つ者と持たざる者のいわばアパルトヘイトによって分断されている。

さらに、対テロ戦争対策の一環として行われた平成一八年の入国管理および難民認定法の改正によって、テロリストとの嫌疑をかけられた外国人は適正手続も十分保障されないまま退去強制される。*7 これは、差別や偏見を助長することとなり、反体制外国人として抑圧国家から逃れてきた難民を、逆に日本の国内の安全を脅かすテロリストとして排除するということで難民保護の劣化をまねく虞すらある。

確かに、グローバリゼーションはその反動として日本を含む多くの国々で、人・モノ・金の移動の規制強化も招く。その反動として今度は地下経済による組織犯罪のグローバル化を招いている。今、世界は急増する（不法）外国人（労働者）の人権侵害をともなう、人身・麻薬・武器取引、汚職の蔓延にどのように対処するのかという課題に直面しているのである。法務省が導入を試みている「共謀罪」は、そのような背景による国際協力だと言われる。しかしながら人間の安全保障が、北の先進国に対する南の途上国からの脅威からどのようにして北の既得権としての平和を守るかという、極めて表面的な対策に始終するために利用されるのではないか。

本来このような南からの脅威は北によって作られた構造的な搾取の構造、すなわち国際的な構造的暴力の噴出であり、テロはその異議申し立ての機会を奪われ絶望した人々からの抵抗であると考えることもできる。その構造的な要因を放置したまま、軍事力や経済力をもって抑圧的に処理しようとすることでは根本的な解決は到底得られるはずはなかろう。

構造要因としては、政治、経済、社会上の不公正などの諸要因の複合が考えられるが、特に紛争の要因となるのは、暴力に対する制裁を含む抑止としての「法の支配」の欠如である。特に、フィリピンなどで最近また顕著になっている人権活動家などを狙った暗殺などの手段の横行による、いわゆる低強度紛争戦略である。また、古くはカンボジア、最近では、ボスニア、コソボ、ルワンダ、東チモールなどにおける、紛争後の平和構築における、責任者の処罰と国民和解といういわゆるトランジッショナル・ジャスティスの課題である。

日本は、国際刑事裁判所（ＩＣＣ）の設置にかかるローマ規程を批准し、二〇〇七年一〇月一日に加盟、発効した。ＩＣＣはいうまでもなく、このような戦争犯罪、人道に反する罪、ジェノサイド罪などの重大犯罪における不処罰をなくすための至上初めての常設刑事裁判所として注目されている。その普遍管轄権とともに、加盟国の裁判権を優先し、加盟国が実効的な刑事責任を問えない場合にのみ管轄をもつという補完的管轄権により、国家主権との整合性をとっている。この補完的管轄権を使って、各国刑事司法の実効化のための国際協力が期待されるところである。

日本の役割と可能性

憲法九条の観点からは、軍事力ではない「法の支配」のグローバルな確立を目指すこのような分野での協力こそ日本には求められているというべきであろう。[*8] さらに、テロを生み出す原因を究明し、その構造的要因を取り除くためのイニシアティブこそ期待されている。そのためにこそ人間の安全保障論を展開して、国境によって隔絶されている人権をより普遍的に全人類的課題として保護し、実施し、伸長していくことに貢献すべきである。単に国連安全保障理事会常任理事国入りを実現する戦略や、政治化してしまった「人権」を回避して、援助受け入れ国の内政干渉の批判をかわすためのレトリックであってはならない。日本が地球的規模の問題に真摯に取り組むためのリーダーシップを取ろうとするなら、まず、日本国内の日本という国家によって守られていない者、すなわち外国人の安全、さらには外国人の人権問題をこそ「人間の安全保障」の文脈で率先して扱うべきであろう。

しかし、外務省以外の政府機関は人間の安全保障にほとんど関心を示していないというのが実情であろう。法務省にしてみれば、不法滞在の外国人、外国人の犯罪あるいは、国際犯罪組織、国際テロ組織から如何に日本を、日本人の安全を守るか、ということのほうが重要であろう。弁護士など人権擁護を使命とする職業人も、国際人権規範を日本国内の人権擁護やその伸長のために利用するのには熱心だが、外国の人権問題はおろか、その侵害から助けを求めてくる難民申請者始め外国人の人権問題の対応には手薄であったように思われる。人間の安全保障論を外交用語として片付けず、基本的人権の一部であるとの認識から、まず日本国内における人権保障をめぐる外国人差別ともいうべき閉塞状況を打破することが求められる。

米国のみならずテロ攻撃を受けて民族対立が深まる英国やその他の欧州諸国なども、疑心暗鬼による相互不信による安全保障のジレンマによる悪循環が生まれつつある。これはテロのさらなる潜伏と草の根化、これを予防しようとする管理社会の強化、言論の自由を含む自由の抑圧、人権侵害の惹起という民主主義の前提を自ら掘り崩す、まさに「テロの罠」にはまることになる。この悪循環と負の連鎖を断ち切るには、市民による民族や宗教などの違いによる排斥や偏見を乗り越えるための相互理解の促進が重要である。

日本は、戦後、戦争放棄の下、「町人国家」を自認して経済発展に力を注いだ。日米安全保障条約による庇護や自衛隊による実質上の軍備と武装があったとはいえ、憲法上の制約ゆえに一定の歯止めをかけてきたことは、その経済発展に寄与している。他方、日本が貿易立国として経済発展を維持していくためには、世界の平和は不可欠である。その意味で、日本の経済成長を支えた、産業や国際取引、海外投資にかかわる日本企業は、国境を超えたビジネスを通じて、人間の安全保障という国家の安全保障を超えた課題のために貢献すべき責務とまたその能力を有していると思われる。

近時、日本発の国際人権NGOが設立されてアジアを中心とした諸外国における人権の擁護と伸長のために活動を開始している。[*9] 他方、企業もこれまでの利潤至上主義から、企業社会責任（CSR）の推進、さらには、アナン国連前事務総長の呼びかけで始まった、グローバル・コンパクト[*10]という企業行動規範の生成と啓蒙も日本でも本格化しつつある。人間の安全保障が、国家によって推進されることには限界があることを考えれば、本来、その主体は人間個人、すなわち、国境や国籍を越えた市民自身である。企業は株主であろうと、経営者であろうと従業員であろうと、市民の生活を支える営みであることを考えれば、企業の平和責任という新たな企業の役割と価値を提起できるのではないであろうか。紛争に配慮し、軍事的、暴力的な結果に対する一定のアカウンタビリティ（説明する責任）とレスポンシビリティ（行動する責任）を自覚し、人間の安全保障の担い手として行動すべき規範を策定、実施する必要がある。このためグローバル・コンパクトの十一番目の原則として平和への責任を追加し、短期的、長期的視野から企業の役割を検証することも日本から提案すべきであろう。

このように、人間の安全保障は、人権擁護とその伸長の担い手を人間に取り戻し、他者への自己の責任を問うことを通じて、国家との対峙でのみ議論されていた人権論に、市民や企業の役割を盛り込むことになるものと思われる。人権を実現するには、もちろん国家機関の一つである裁判所の説得だけでは終わらない。相互に影響しあっているグローバル社会にあっては、国家主権という箱で分断された人権の侵害を等閑視できない。人権を箱から取り出し、その相互関係をグローバル社会の中で捉えなおし、グローバル化に対応しうる人権保障のための新たなグローバルでありながらローカルに配慮したガバナンスの構築を世界に向けて提言すべきときであろう。

＊1　UNTAC当時の私の体験録である、佐藤安信「カンボジア便り」法学セミナー九二年一二月から九三年一〇月までの連載を参照。

＊2　ポルポト派がカンボジアを支配したのは一九七五年から七九年である。七九年にベトナムの侵攻を受け、ポルポト派はタイ国境で応戦し、八九年にベトナムは撤退し、ベトナムが樹立したヘンサムリン政権（その後フンセンが承継）が九二年当時までカンボジアの大半を支配していた。当時、シアヌーク派といわれたフランスに拠点を置くリベラル派、ソンサン派といわれる仏教をベースにした勢力の四派が紛争当事者であった。ポルポト派は中国の支援を受けていたが、西側諸国は、ベトナム戦争のため、ヘンサムリン政権を認めず、国連での代表権をポルポト派に認め続けていた。このため、西側諸国は難民への支援はするが、カンボジア国内には一切公式な援助は行っていなかった。

＊3　Human Security Network：ノルウェーとカナダが中心となって作った人間の安全保障の概念を促進する非公式な国家のネットワークで、二〇〇六年現在十四ヵ国が参加しているが、日本は参加していない。http://www.humansecuritynetwork.org/menu-e.php

＊4　二〇〇六年三月一〇日に東京大学駒場キャンパスで行われたシンポジウム「人間の安全保障のための平和構築：テロと

の闘いをどう考えるか?」において、神余隆博外務省国際社会協力部長（当時）は、二〇〇七年度から途上国のテロ対策などの治安対策に関する能力向上を支援するための新たなODAの枠組みを設けることを述べている。

＊5　再利用の可能性がある武器の回収は軍事支援になるとの指摘もあり、除隊兵員の社会統合を主に支援してきた。二〇〇六年度外務省報告書『平和構築に向けた我が国の取り組みの評価：アフガニスタンを事例として』五二-五三頁。以下のURLを参照。http://www.mofa.jp/mofaj/gaiko/oda/shiryo/hyouka/kunibetu/gai/afghanistan/jk05_01_index.html

＊6　二〇〇七年八月一日に東京大学駒場キャンパスで行われた、全国難民弁護団連絡会議特別講演会におけるクリスチャン・マール（元UNHCRイギリス事務所副代表代理、現国連テロ対策委員会事務局）の報告。http://human-security.c.u-tokyo.ac.jp/

＊7　同法二四条退去強制事由の追加（三の二および三の三）。趣旨などについては以下の入国管局のURL参照。http://www.immi-moj.go.jp/keiziban/happyou/20060524_law43.pdf

＊8　二〇〇六年一二月四-五日、国会議員の世界的な組織であるParliamentarians for Global Actionが東京において「人間の安全保障とICC」をテーマに世界大会を開催し、日本はICCを通じて国際的な法の支配の確立のために努力することが議論された。

＊9　弁護士などのプロフェッショナルを中心として、二〇〇六年にヒューマンライツ・ナウ（HRN）が設立された。http://www.ngo-hrn.org/を参照。

＊10　「グローバル・コンパクト」（以下GC）は、一九九九年一月三一日に開かれた世界経済フォーラムの席上、コフィー・アナン国連事務総長が提唱した。企業のリーダーに国際的なイニシアティブであるGCへの参加を促し、国連機関、労働、市民社会と共に人権、労働、環境の分野における十原則を支持するというものである。以下のURLを参照。http://www.unic.or.jp/globalcomp/outline.htm

【参考文献、URL】

平和構築論の教科書：佐藤他『はじめて出会う平和学』有斐閣アルマ、二〇〇四年

人間の安全保障プログラム　http://human-security.c.u-tokyo.ac.jp/

平和構築研究会　http://peacebuilding.kir.jp/

高橋哲哉他編著『人間の安全保障』東京大学出版会、二〇〇八年

佐藤安信「人間の安全保障は人権アパルトヘイトを乗り越えられるか?」『国際人権』一八号五二-五八頁、二〇〇七年

世界の平和はだれが守るのか――国連安保理改革を考える

馬橋憲男（フェリス女学院大学）

はじめに

国連安全保障理事会の改革は最近、日本ではほとんど話題にならない。日本の国連加盟五十周年にあたる二〇〇六年こそ、常任理事国入りを永年の悲願とする日本政府は、内外で大々的なキャンペーンを展開した。メディアも折から国連総会でホットな議論がたたかわされている安保理改革の模様を詳しく報道した。だが、この野望が挫折するとニュースから姿を消した。国民の側も、国連についてはもともと学校で習った、抽象的で退屈なイメージが強い。そこへ、最近、経済的な格差が急速に進み、生活に追われ、国連改革どころではない、といった状況だ。

だが、安全保障理事会はいうまでもなく世界で最も重要な機関である。紛争・戦争をはじめ平和や安全を脅かす重大な問題は、すべてここで協議される。必要なら武力の行使も認められている。米国が二〇〇一年の9・11同時多発テロ事件とイラクの大量破壊兵器所持をむりやり関連づけ、イラクに対して軍事行動を起こすように主張。この是非をめぐり、安保理で連日、白熱した議論が展開されたのを覚えている人もいるだろう。結局、大量破壊兵器は存在しなかったが、いまも毎日のように多くのイラク市民が犠牲となっている。今日ではアフリカのダルフール（スーダン）問題、イランや北朝鮮の核開発、ミャンマーの軍事政権による市民の弾圧がそうである。二〇〇八年三月、新たに中国のチベットで多数の死傷者を出す騒動が発生し、安全保障理事会の対応を国際社会が注目している。

日本に関連する問題にアフガニスタン、イラクの問題がある。先の国会で自衛隊によるインド洋海上給油の継続問題が、イラクへの給油疑惑や給油量のごまかしが発覚し、野党が過半数を占める参議院で否決されたが、自民党が衆議院で再議決し、給油を再開した。これは日本が国際社会の一員として国際平和にどのように協力するか問われたものである。前述のミャンマー事件では日本人ジャーナリストが銃殺されている。また、日本では意外と理解されないが、日本が他国に攻撃されたり侵略されるような事態が発生したら、ただちに緊急安全保障理事会が招集され、武力行使をも含め、国際社会全体としての対応が話し合われる。これが国連の掲げる「集団安全保障」である。このように安全保障理事会で取り上げられる問題や改革は、私たち国民にとって決して他人事ではない。

それにもかかわらず、なぜ日本では安保理改革への関心が低いのか。その主な原因は情報不足にこそある。そもそも、国民が議論をするのに必要な基本的情報が提供されていないので議論のしようがないのだ。政府は「日本は国民の皆さんの税金から世界第二位の国連分担金を支払っており、それにふさわしい常任理事国の地位を求めるのは当然」と繰り返し主張する。つまり、「日本の常任理事国入りに賛成か反対か」の二者択一である。そういわれると、国民としてはそれ以上どうしようもない。最近の日本の政治の特徴である単純明快なメッセージに馴らされていることもあり、すんなり受け入れてしまう。他にどのような考えや選択肢があるのか、一切示されないままに。

国連は一九四五年に創設され、安全保障理事会は当時の国際社会の力関係を反映し、第二次世界大戦の主要戦勝国である中国、フランス、ロシア、英国、米国が常任理事国になった。以来半世紀以上が経過し、国際情勢は大きく変わった。一部の国が特権をもつ安保理はだれの目にも時代錯誤であり非民主的である。それを改革する機会がようやく到来したのだ。多くの国や市民は、過去の苦い経験から、新しい時代にふさわしい、真に民主的で公平と呼べる理事会はどうあるべきか、中長期的な視点から時間をかけて模索している。

この章では、安保理改革をめぐる国際社会の多様な意見を紹介し、主要な論点を整理してみたい。そのうえで改めて読者に安保理改革について考えていただきたい。

日本の狭い議論

日本の安保理改革をめぐる議論は、自国の常任理事国入りだけに過度に集中している。国連総会での日本政府の発言や外務省のホームページは、日本の財政的な貢献が大きいことを理由に常任理事国入りを主張する。「日本が常任理事国になれないと、国民の税金でまかなわれる国連分担金を支払うべきでないという声が納税者から上がりかねない」と、米国の国連政策を髣髴《ほうふつ》とさせる発言が政府首脳から飛び出す。米国は国連で自国の思うように事が運ばないため、その分担金の一部を意図的に支払わない。確かに日本も加盟国がその経済力に応じて義務として支払う国連通常分担金では米国に次いで世界第二位であり、他の四常任理事国（中国、フランス、ロシア、英国）の合計よりも多い。

さらに、主に開発途上国の貧困を改善するために先進国が供与する政府開発援助（ＯＤＡ）でも、近年減少傾向にあるものの、総額では米国、ドイツ、フランス、英国に次いで第五位である。

この政府の主張が国民の選択であるやにしばしば引用されるのが内閣府の世論調査である。二〇〇六年一〇月の「外交に関する世論調査」によれば、日本の常任理事国入りに「賛成」が四三%、「どちらかといえば賛成」が三七%と約八割が賛成している。その理由として「国連に多大な財政的貢献を行っているのに重要な意思決定に加われないのはおかしい」が三一%、「非核保有国で平和主義を理念としている日本が加わることが世界の平和に役立つ」が二九%である。

このように、あらかじめ用意された設問と回答から選択する調査では、回答者が日本の常任理事国入りこそ自国の国益に唯一かなったものであり、それ以外に選択肢がないように思ってもしかたがない。そして、安保理改革が長引いているのは、各国とも自国の利益だけを優先させ、そのために国益がぶつかり合っていると考える。これは一見もっともらしいが、主張に深みと説得力が感じられない。常任理事国入りだけが、日本にとっても、国際社会全体にとっても、必ずしもプラスとは単純には思えない。

あらゆる情報が国民に提供され、さまざまな角度から議論を尽くしたとはいいがたい。「日本の常任理事国入り」という結論が先にあり、そのために異なる意見、とくに日本にとって不利と思われる意見、新たな疑問や議論をうみかねない情報が排除されているのである。

私は大学の講義や一般市民を対象とする市民講座で同様な調査を行っている。その結果は内閣府の世論調査とは異なり、正反対ともいえる。まず、最初に事前に一切の情報を提供せずに日本の常任理事国入りについて賛否を問う。すると、確かに賛成する人が多数を占める。次に安保理改革をめぐる世界の動向について詳細な情報を提供してから再度調査を行う。すると今度は反対派が圧倒的に多い。今回の横浜市民大学の場合も、再調査では五十四名の受講者全員が反対に回った。このことは、内閣府の世論調査の設問に問題があり、国民が安保理改革について主体的に判断するのに必要な情報が十分に提供されていないことを意味しよう。

常任理事国の拡大は民主化か

安保理改革の最大の争点は、なんといっても常任理事国の拡大である。「常任理事国を増やすことが民主化を推進するか」をめぐり、加盟国の意見は賛否両論に二分されている。拡大派の代表格が「四ヵ国グループ」（G４）を結成する日本、ドイツ、インド、ブラジルである。それにアフリカも二常任理事議席を要求している。アフリカの場合、具体的な候補国は決まっておらず、当初、有力国が地域代表として順番に務めるローテーション方式を採用すると発表し、新たな選出方法として注目された。

日本とドイツが常任理事国入りの根拠に挙げているのが国連分担金に象徴される経済的貢献である。二〇〇八年国連通常予算の分担金割合は、日本は米国の二二％に次いで第二位で一六・五％、ドイツが三位で八・六％。日独とも他の常任理事国の英国六・六％、フランス六・三％、中国二・六％、ロシア一・二％を大きく引き離している。インドとブラジルは、国連加盟国の四分の三を占める開発途上国が常任理事国に入っていないことは安保理の正当性を損なうと主張する。両国とも近年、経済成長が目ざましく、ブラジルの分担金の割合は〇・八％で十九位である。

このＧ４と真っ向から対立しているのが「コンセンサス連合」（コ連合）である。常任理事国の拡大は民主化に逆行する、との立場をとる。拡大する代わりに、二年ごとに選挙で各地域から選ばれる非常任理事国を現在の十ヵ国から二十ヵ国へ倍増し、その一部については、二年よりも任期の長い、いわば「準常任理事国」にするように提案している。このグループの中心的な国がイタリア、スペイン、アルゼンチン、メキシコ、韓国、パキスタンなどである。ドイツに対するイタリア・スペイン、日本に対する韓国、ブラジルにアルゼンチン・メキシコといったように、いずれも各地域でＧ４のライバルと目される国である。そのため、日本では「Ｇ４対コ連合」といった単純な対立構図に矮小化され、コ連合の目的が、あたかも永年のライバル国であるＧ４の常任理事国入りをなにがなんでも阻止することにあるかのように伝えられている。

次に肝心の常任理事国はどのように考えているのだろうか。普段、問題への対応をめぐり、しばしば鋭く対立することもあるが、安保理改革では妙に結束がかたい。自らの常任理事国としての権利については一切譲らず、現状維持という姿勢だ。米国は当初、日本とドイツの常任理事国入りを明確に支持していたが、二〇〇三年、ドイツがブッシュ大統領のイラク戦争に反対するとドイツはリストから消えた。その後、Ｇ４の構想については支持から、むしろ積極的な反対に回り、今日では日本だけの常任理事国入りを支持している。フランスと英国はＧ４とアフリカを常任理事国に加えることに賛成だ。中国は日本の常任理事国入りに歴史認識の問題を理由に反対し、開発途上国、とくにアフリカの常任理事国入りを最優先するように求めている。

「拒否権」という特権

常任理事国問題で、とくに争点となっているのが拒否権の取り扱いである。常任理事国を増やすとしたら、現常任理事国と同等な拒否権を与えるかどうか。この拒否権こそ、過去半世紀において安保理の機能をマヒさせてきた張本人であり、冷戦の最盛期には米ソの拒否権行使合戦の前に国際社会は打つ手がなかった。常任理事国のうち、たとえ一カ国でも反対したら採択できない、という民主主義を根底から否定する、信じられないことが、いまもまかり通っているのである。

常任理事国による拒否権の行使回数を年ごとに見てみよう。

拒否権行使の総数ではロシア（旧ソ連）が百二十三回と全体の半数近くを占めて断トツである。ただし、この大半は米ソがしのぎを削っていた冷戦時代の一九五〇年、六〇年代に西側の新興国の国連加盟を阻止するためであり、日本の加盟に対するものも含まれる。一九九〇年の冷戦終結以降、拒否権はほとんど行使されなくなった。二〇〇〇年以降は十三回。その内訳は米国十回、ロシア二回、中国一回である。減少したのは、国際社会の拒否権の発動に対する批判が功を奏してきたのである。英国とフランスは、意外にも一九九六年以降、一度も発動していない。これには国内の世論やＮＧＯの監視と働きかけが大きい。

そうした風潮のなか、米国の拒否権はかなり性格が異なる点に注目したい。国際社会の総意を無視し、一国だけで廃案にできる拒否権の「単独行使」がずば抜けて多いのだ。たとえばブトロス・ガーリ元国連事務総長の再選は、賛成十四対反対一で圧倒的に支持されたが、この反対の一票が常任理事国の米国だったために退陣をよぎなくされたのである。二〇〇〇年以降の米国による十回の拒否権はいずれも単独行使である。これらの決議案のテーマはパレスチナ問題をめぐるイスラエルに対する非難である。ちょうど五年前の二〇〇三年三月、米国は安保理でイラクに対して軍事行動を起こすことを提案したが、他の理事国の支持を得られなかった。すると、この安保理の決議がないままにイラク戦争に突入した。この国際法違反と批判される行為は、米国が永年、行っている拒否権の単独行使の延長上にあるといえよう。

ところで、拒否権の問題はなにも実際の行使に限らない。いわゆる「隠れ拒否権」という問題がある。常任理事国が拒否権の行使をにおわすだけで、他の国は議題として取り上げるのを手控えてしまうのである。不思議なことに歴史的な大事件でも安保理の議題にさえ上っていないケースが少なくない。共産主義時代の旧ソ連が同盟国の民主化・自由化への動きを軍事力で制圧したハンガリー動乱（一九五六年）、プラハ（チェコ）の春（一九六八年）が代表的である。米国によるベトナム戦争もそうである。百万人以上もの死者を出したにもかかわらず、安保理で本格的に議論されなかったのである。

最近では前述のミャンマー問題がよい例である。ミャンマーと親交の深い中国が安保理でミャンマー対する経済的制裁について協議することに反対する意向を伝えるだけで、議題にならないのだ。このように拒否権は、行使しなくても持っているだけで、その威力や効力を十二分に発揮する。

今回の改革論議では、拒否権の即時ないし究極的な廃止を求める国が圧倒的である。G4は拒否権を求めるが行使しないことを表明している。これに対し、アフリカは拒否権を含め、あくまで現常任理事国とすべてに対等な権利を要求している。

常任理事国の基準とは

常任理事国にふさわしい国とはどのような国だろうか。そして、その客観的で公平な基準とは？

現在の五常任理事国については、「国連での国際協調よりも単独行動主義に走る」、「かつての威光はなく経済的にも日本とドイツに溝をあけられている」、「民主主義国とはとてもいいがたい」など、さまざまな評価や批判の声も聞かれる。常任理事国入りをねらう日本とドイツが最大の根拠にしているのは国連分担金である。

この資格要件をめぐっては、各国ともそれぞれ意見をもっており、それらを統一するのは至難である。そこでコフィー・アナン前国連事務総長がおおまかな基準として示したのが、①財政的貢献、②軍事的貢献、③外交的貢献の三つである。この基準にしたがって各国の貢献度を比べてみよう。

まず財政的貢献としては、主に国連通常予算の分担金と開発途上国の開発、特に貧困の削減を支援するための政府開発援助（ＯＤＡ）が目安となる。二〇〇八年国連通常予算の分担金割合は以下の通りである（次頁、表1）。

ここでは、イタリア、カナダ、スペイン、メキシコのコ連合国が上位に位置している点が目をひく。なかでも六位のイタリアは五位の常任理事国、フランスと僅差であり、一九九八〜二〇〇〇年は英国を抜いて5位となった経緯もある。

次にＯＤＡだが、経済協力開発機構（ＯＥＣＤ）によると、その開発援助委員会（ＤＡＣ）二十二ヵ国の二〇〇七年のＯＤＡの総額とその国内総収入（ＧＮＩ）に対する割合（いずれも暫定値）は表2の通りである。

日本は近年、ODAを削減しており、二〇〇七年にはドイツ、フランス、英国に抜かれ、五位に滑り落ちた。さらに問題なのは、GNIに対する割合が〇・一七%とDAC加盟国二十二ヵ国中二十位であり、DAC平均の〇・二八%にも達していないことだ。一九七〇年以降、国連でこのODAの割合を〇・七%に上げることを国際公約として再三決めている。今回の安保理改革のたたき台となった、アナン国連事務総長の諮問委員会、脅威・挑戦・変革に関する高級パネルが二〇〇四年に発表した報告書、「より安全な世界：われら共有の責任（A More Secure World: Our Shared Responsibility）」も、常任理事国としてふさわしいODAの割合として〇・七%という数字を挙げている。この公約を守っているのはノルウェー、スウェーデン、ルクセンブルク、オランダ、デンマークの五ヵ国だけである。

（表1）2008年国連通常予算分担金

1.	米国	22（%）
2.	日本	16.624
3.	ドイツ	8.577
4.	英国	6.642
5.	フランス	6.301
6.	イタリア	5.079
7.	カナダ	2.977
8.	スペイン	2.968
9.	中国	2.667
10.	メキシコ	2.257
11.	韓国	2.173
12.	オランダ	1.873
13.	オーストラリア	1.783
14.	スイス	1.216
15.	ロシア	1.200
16.	ベルギー	1.102
17.	スウェーデン	1.071
18.	オーストリア	0.887
19.	ブラジル	0.876
20.	ノルウェー	0.782

（出典：国連総会決議A/RES/61/237）

（表2）2007年度政府開発援助（ODA）

A. 支出額		（百万ドル）	B. GNIに対する割合		（%）
1	米国	21,753	1	ノルウェー	0.95
2	ドイツ	12,267	2	スウェーデン	0.93
3	フランス	9,940	3	ルクセンブルク	0.90
4	英国	9,921	4	オランダ	0.81
5	日本	7,691	4	デンマーク	0.81
6	オランダ	6,215	6	アイルランド	0.54
7	スペイン	5,744	7	オーストリア	0.49
8	スウェーデン	4,334	8	ベルギー	0.43
9	イタリア	3,929	9	スペイン	0.41
10	カナダ	3,922	10	フィンランド	0.40
11	ノルウェー	3,727	11	フランス	0.39
12	デンマーク	2,563	12	ドイツ	0.37
13	オーストラリア	2,471	12	スイス	0.37
14	ベルギー	1,953	14	英国	0.36
15	オーストリア	1798	15	オーストラリア	0.30
16	スイス	1,680	16	カナダ	0.28
17	アイルランド	1,190	17	ニュージーランド	0.27
18	フィンランド	973	18	イタリア	0.19
19	ギリシャ	501	18	ポルトガル	0.19
20	ポルトガル	403	20	日本	0.17
21	ルクセンブルク	365	21	米国	0.16
22	ニュージーランド	315	21	ギリシャ	0.16
合計		103,655	平均		0.28

（出典：DAC Members' Net Official Development Assistance in 2007）

なお、国連分担金、ODAについては、国としての総額ではなく、国民一人当たりの数字で見ると、人口の少ない北欧諸国などが上位に急浮上する。国によって人口規模がかなり異なるので、適切な基準にむしろ一人当たりの拠出をあげる国や研究者が少なくない。

次に軍事的貢献については、国連平和維持活動（PKO）への各国の要員派遣数が指標となる。国連事務局では毎月、国別の軍事・警察要員の派件数を発表しており、二〇〇八年二月現在の数は表3の通りである。

PKOへの軍事・警察要員の派遣総数は百十八ヵ国九万六百九十名。このPKOの貢献度では開発途上国が上位を独占している。ただし、この点については多少注釈が必要である。途上国の世界の平

(表3) 2008年2月PKOへの軍事・警察要員派遣数

1.	パキスタン	10,622
2.	バングラデシュ	9,455
3.	インド	9,379
4.	ナイジェリア	5,474
5.	ネパール	3,642
6.	ヨルダン	3,604
7.	ガーナ	3,436
8.	ルワンダ	2,987
9.	イタリア	2,916
10.	ウルグアイ	2,596
11.	セネガル	2,564
12.	中国	1,962
13.	フランス	1,955
14.	南アフリカ	1,905
15.	エチオピア	1,815
	｜	
18.	ブラジル	1,278
31.	ドイツ	555
37.	韓国	400
40.	英国	363
43.	米国	313
45.	ロシア	291
83.	日本	36

（出典：UN Ranking of Military and Police Contributions to UN Operations）

和と安全に積極的に貢献する意思の表れであることは疑いの余地がないが、ＰＫＯに参加している要員に対して国連から相応の日当が支払われている。先進国ではイタリアがもっとも多く九位で、フランスが十三位、スペインが十九位である。Ｇ４ではインドが三位、ブラジルが十八位、ドイツ三十一位、そして日本は八十三位である。常任理事国では中国が十二位と一番多く、これにフランスが続く。

英国と米国は伝統的にＰＫＯよりも、イラク戦争時のように多国籍軍を好む傾向がある。両者は根本的に異なる。ＰＫＯが安保理で設置され、国連の指揮下に置かれるのに対し、多国籍軍は有志国で設置し、国連とは直接関係がなく、多くの場合、米国が指揮をする。それでも、英米とも日本よりＰＫＯの派遣数がはるかに多い。

最後に外交的貢献である。これは三つのうちで計測が一番難しい。しばしば引用されるのが国連で制定された温暖化防止の京都議定書など環境や人権の国際条約である。その作成に主導的な役割を担ったか、他の国の模範となるように率先して批准しているか、目安とされる。このうち国際人権条約は約三十ある。ＥＵ諸国とカナダはおおかた二十五前後批准している。日本と米国は半分以下であり、共に先進国として例外的に死刑廃止条約に入っていない国として知られている。米国については、京都議定書から離脱し、対人地雷全面禁止条約、核拡散防止条約（ＮＰＴ）などにも入っていない。

この外交的貢献で評価が高いのは、なんといっても「ミドルパワー」と呼ばれる国である。その定義によっても異なるが、カナダ、スウェーデン、ノルウェーなどの北欧諸国、ニュージーランドなどがそうである。その特徴は、国連での多国間協調主義を外交の基本にすえ、中立、平等、公平といった価値観を重んじ、他国の信頼が厚く、国際社会に新たな問題を提起したり、国連が危機に陥った際には率先して解決を模索し切り抜けるうえで主導的な役割を果たす点である。たとえば、国連平和維持活動（ＰＫＯ）はカナダのピアソン外相とスウェーデンのハマーショルド第二代国連事務総長が一九五四年のスエズ危機の際に考え出したものである。高齢者、障害者の福祉への取り組み、環境問題を国際政治の議題にのせるきっかけとなった一九七二年の国連人間環境会議の開催は、スウェーデンの提案である。スウェーデンは前述のＯＤＡの〇・七％を一九七〇年代に最初に達成した国でもある。カナダは常任理事国の無関心をＮＧＯとのパートナーシップという新たな手法で対人地雷全面禁止条約の制定に導いた立役者である。戦争犯罪を裁く国際刑事裁判所の創設でも、カナダは主導的役割を担った。ノルウェーは国連開発計画（ＵＮＤＰ）が毎年発表している人間開発指数で二〇〇六年まで連続六年間、トップの座にあった。人間開発指数は、従来の開発の尺度が経済に重きを置きすぎていたことから、これに教育と平均余命を加え総合的に判断するものである。このノルウェーを代表するブルントラント元首相は、世界保健機関（ＷＨＯ）の長や著名な国連委員会のメンバーを務め、その国際的な指導力には定評がある。

こうしたミドルパワーは日本にとってしばしばモデルと見なされる。スウェーデンは福祉、年金、男女平等、環境・エネルギーの先進国である。カナダについては共通の同盟国である米国との外交がそうである。イラク戦争では、カナダは安保理の承認を得ていないとの理由から、米国主導の多国籍軍への派兵を拒否した。結局、カナダは今回の安保理改革では「常任理事国の増加は民主化に逆行する」としてコ連合に加わる道を選択した。

また、国際貢献度の国別順位が、米国の非営利団体（ＮＰＯ）であるシンクタンク、Carnegie

Endowment for International Peaceから出ている。先進二十一ヵ国の国際貢献度を①援助②貿易③投資④移民受け入れ⑤平和維持⑥環境の六分野で測定している。トップはオランダ、日本は最下位である。順位は次頁、表4の通りである。

作業方法の改善

安保理改革はほとんど進展していないように見えるが、実際にはそうでない。目に見えない所でかなりの成果を上げている。それは「作業方法」においてである。日本では政府もメディアも自国の常任理事国入りといった問題をかかえているため、議席の構成・拡大のみに関心が集まり、ほとんど見向きもされないが、国際的にはこの作業方法の改善も重視されている。意見が鋭く対立している構成・拡大問題に拙速に結論を出そうとしないのは、むしろ作業方法の改善こそ真の民主化に繋がり、現実的な改革方法であると考えている国が少なくなく、そして実際に成果がでているからである。

実は今回の安保理改革を決めた一九九二年国連総会決議では、その改革の目的に議席の拡大とともに、この作業方法の改善がうたわれているのである。そして、この十年間に作業方法は大きく変わった。五常任理事国だけで非公式かつ非公開な集まりですべてを決めてしまうのが永年の慣行としてまかり通ってきた。次の段階の十非常任理事国を加えた全体協議は、名ばかりで本来の協議からは程遠い。非常任理事国はそのときに初めて決議案の内容を知らされ、協議に実質的に参加する機会もなく採決を迫られるのだ。また、常任理事国は、自国に不利と見た場合、正当な理由や説明もなく、拒否権を行使し、一国だけでその議案をほうむり去る、とても民主的とは思えない行動も日常的だった。こう

（表4）

	開発	貿易	投資	移民	平和維持	環境	総合
1. オランダ	6.9	7.0	6.1	4.5	3.5	5.7	5.6
2. デンマーク	9.0	6.8	1.0	4.4	7.1	5.0	5.5
3. ポルトガル	2.2	6.9	9.0	1.0	6.8	5.1	5.2
4. ニュージーランド	1.7	7.2	2.3	9.0	6.9	3.4	5.1
5. スイス	3.3	4.0	6.3	9.0	0.1	7.2	5.0
6. ドイツ	2.1	6.8	1.4	8.1	3.8	6.0	4.7
6. スペイン	2.4	6.8	8.2	1.8	2.9	6.0	4.7
8. スウェーデン	7.0	6.9	1.8	3.9	1.3	6.1	4.5
9. オーストリア	2.8	6.8	2.6	6.5	2.6	5.4	4.4
10. ノルウェー	6.6	1.0	3.5	4.6	7.4	2.8	4.3
11. 英国	3.0	6.9	3.4	3.1	3.6	5.0	4.2
12. ベルギー	3.5	6.7	1.4	4.5	3.5	4.5	4.0
13. ギリシャ	1.5	6.7	0.0	1.6	9.0	4.6	3.9
14. フランス	3.1	6.8	1.7	0.8	5.2	4.9	3.8
15. イタリア	1.4	7.0	1.5	1.1	5.3	5.3	3.6
15. アイルランド	2.6	6.6	2.3	4.5	3.7	1.6	3.6
17. フィンランド	3.0	6.8	1.7	1.3	2.9	5.4	3.5
18. カナダ	1.7	6.6	2.1	6.1	2.4	1.7	3.4
19. オーストラリア	1.7	7.2	1.6	3.7	2.8	1.8	3.2
20. 米国	0.8	7.7	2.0	2.3	1.5	1.0	2.6
21. 日本	1.2	4.6	2.8	1.5	0.5	4.0	2.4

した慣行をいかに変えるか、多くの加盟国が腐心してきた。そこでカナダ、北欧諸国などのミドルパワーが協力して取り組んできたのが作業方法の改善である。

この作業方法の改善は、機構の改革と違い、すべての常任理事国を含めた三分の二の加盟国の賛成が必要な国連憲章の改定を必要としない。また、今後、常任理事国制度がどうなろうが、また、どの国が常任理事国になろうが、民主的、透明性かつ説明責任のある協議の確保は、大半の国が望むところであり、国際世論の支持が得られている。

こうして改善された作業方法の具体例を以下に紹介しよう。

▽理事国だけの非公式・非公開会合よりも、他の非理事国も参加できる公開会合をより多く開催する（一九九四年より）
▽決議案は非公式・非公開会合の開催時か翌日に理事国以外の国にも回付する（一九九四年より）
▽安保理議長国はPKOに軍事要員を提供している国と定期的に協議する（一九九四年より）
▽非公式・非公開会合の開催後、議長国はその内容について理事国でない国とメディアにブルーフィングを行う（一九九八年より）

また、NGOや市民社会の声を反映されるために、NGOの提案で「アリア方式」と「NGO非公式協議」が導入された。アリア方式は、安保理理事国である有志国が重要な問題について有識者やNGOを招いて意見を聞くために開催するものである。非公式な協議のために議事録は作成されないが、年間五十回以上開かれている。NGO非公式協議は、アムネスティ・インターナショナル、オクスファム、国境なき医師団など人道的援助や開発に携わる約三十の国際的NGOと理事国の間で情報や意見の交換をするために一九九六年から毎週開催されている。紛争現場からＮＧＯによってもたらされる最新かつ貴重な情報が安保理の行動を左右することも少なくない。こうした非政府組織との対話の実現と活用に積極的なのは、やはりミドルパワー諸国である。

最終的な改革は次段階

ところで、安保理改革で一番大事なことであり、日本で見過ごされていることは、今回の改革は中間的なものであり、最終的ではないということである。というのは、現在の五常任理事国については、しばしばその適格性が疑問視されるが、今回は議題に含まれないからである。その理由は、安保理の構成を改定するには国連憲章の改正がどうしても必要であり、それにはすべての常任理事国を含む三分の二の国連加盟国の賛成が不可欠であるからである。現常任理事国の地位の問題を協議の対象に含めたら、彼らの反対は必至であり、そもそも改革に着手できないといった大きな制約をかかえているのである。

その現常任理事国もこれまで享受してきた特権的な地位を失うまいとして必死である。特に微妙な立場に置かれ、危機感をいだいているのが英国とフランスである。前述のように国連分担金の割合は日独よりもはるかに小さく、かつての政治的および経済的な大国としての面影はさびれる一方である。それに加えて、同じ欧州連合（ＥＵ）からドイツの常任理事国入りが取りざたされている。かりにドイツが常任理事国に加わると、ＥＵから三ヵ国となり、これでは明らかに地理的に不衡平となる。そのため、英国、フランス、それにドイツを含め、ＥＵとして一常任理事国（地域）とする案が出ている。

英国とフランスが早くから日本とドイツの常任理事国入りを支持しているのは、自国の地位の保全を図るためでもある。前述のように、近年、両国ともODAを増大させており、ついに日本を抜いた。英仏は近年、拒否権をほとんど行使していない。さらに安保理議長国として理事国以外の国やメディアへのブリーフィングを率先して始めるなど安保理協議の透明性の増大に積極的であり、他のEU諸国と情報を共有する姿勢を見せたり、市民社会・NGOとの話し合いに前向きであるのも、その辺を意識してのことであろう。

中国についても変化が見える。たとえばPKO要員の派遣を増やしていることだ。二〇〇二年二月の派遣数は百十七名（四十四位）だったのが、二〇〇八年二月には千九百六十二名へ大幅に増やし、五常任理事国中トップである。当然、日本の三十六名とは比較にならない。中国はアフリカをはじめ開発途上国に対する経済援助の分野でもより積極的である。

この点に関しては、一九九五年に世界の有識者からなり、国連改革について先駆的な提案を行ったグローバル・ガバナンス委員会が、その報告書「Our Global Neighborhood」（邦訳『地球リーダーシップ――新しい世界秩序をめざして』一九九五年、日本放送出版協会）で、第一段階で常任理事国を先進国から二ヵ国、途上国から三ヵ国増やし、次に十年後に全常任理事国をも対象とした総合的な見直しを行うように提案している。この考えは脅威・挑戦・変革に関する高級パネルにも受け継がれ、上記の三つの貢献（財政、軍事、外交）の観点から、常任および非常任の理事国を含め、その構成について二〇二〇年に全面的に再検討するよう提案している。

まとめ

ここまで安保理改革をめぐり、ふだん日本ではほとんど取り上げられないが国際的には大きな関心を集めている、さまざま問題を取り上げてきた。読者は、「常任理事国にふさわしい国」、「そのための客観的かつ公平な基準」が見つかっただろうか。さっと具体的な国名を挙げられる人は、はたしてどのくらいいるだろうか。

アナン元国連事務総長が提示した常任理事国の三選考基準、すなわち財政的貢献、軍事的貢献、外交的貢献にそって特定の国を選び出すにしても、三拍子そろった国はなかなか見当たらない。また、この三つの貢献を同等に評価するのか、あるいは優先順位をつけるのかでも、結果は大きく異なってくる。さらに、いずれの貢献にしても、時代の推移とともに各国の順位は固定されたものではなく絶えず変わっていく。肝心の日本の常任理事国入りについて、ふだん、政府の説明や新聞報道から受ける印象と現実はかなり異なることにお気づきだろうか。ＰＫＯの派遣数は、むしろ少なすぎて問題国に入る。政府が唯一の根拠としている財政的貢献についても、ＯＤＡでは二〇〇七年に英仏にも抜かれ第五位である。加えて、中国との歴史認識という未解決な問題が横たわっている。常任理事国である中国の賛成なくしては道は開けない。こうみると、日本政府が主張する日本の常任理事国入りにはもともと無理があり、大きな疑問符がつく。なぜ、日本政府はデータをもとに客観的な自己分析・評価をしないのか、そして、なぜ、適格性を欠く日本を米国は唯一積極的に支持するのか。

三つの国際貢献は国際の平和にいずれも不可欠である。かつて国連が創設された当時は、それらを現常任理事国が一手に担っていたが、その後、他の国々が発展し、常任理事国とその他の国との差があまり感じられなくなった。財政的貢献、軍事的貢献では、むしろ立場が逆転している。今日では、すべての国がそれぞれ得意とする分野で国際貢献をしている、と考えるのが妥当ではないか。

安保理改革は本当に難しい作業である。日本政府のいう、「代表なくして課税なし。日本のような国連分担金の多い国がなるべき」といった単純なものではない。コ連合の提案についても、たんにライバルであるG４の常任理事国入りを是が非でも阻止するために常任理事国の議席拡大に反対していると片付けてしまうのはちょっと乱暴すぎる。今回の改革が中間的なものであり、常任理事国をあいまいな基準や各国の十分な合意もなくこれ以上増やしたら、現常任理事国の適格性も問う次の段階での改革が、より複雑で困難になることは目に見えているからだ。

半世紀以上もの間、ほとんどの国が安保理の実態を憂い、常任理事国が狭い国益のために拒否権を行使することに批判と抗議の声を上げ続けてきた。その声がようやく届き、改革の機会を手にしたのである。この機会を逃すと、次にいつ訪れるか保証がない。それだけに、各国は改革に慎重にのぞみ、歴史の教訓から学んだ知恵を最大限に活かそうとしているのである。

日本では、自衛隊のインド洋海上給油、道路特定財源、イージス艦事故などに見られるように、政府にとって都合の悪い情報は隠すという体質が一向に改善されていない。こうしたやり方は情報公開、透明性、説明責任がきちんと求められる国連外交では通用しない。安保理改革についても、まずは国民にあらゆる情報を提供し、そのうえで判断をあおぐべきである。それこそが、民主主義を自負する国にふさわしく、他国から信頼を勝ち得る方法である。

最後に今回取り上げなかったが、市民社会・ＮＧＯも安保理改革の動向には並々ならぬ関心を示している。残念なことには安保理改革が本格的に動き出した一九九〇年代半ばごろから、NGOの国連への参加が急激に狭められている。NGOの主要な発言の場として一九七二年の国連人間環境会議に始まった国連の世界会議は、一九九二年の国連環境開発会議をピークに、それ以降縮小の一途をたどり、今日ではまったく開催されなくなってしまった。安保理改革についても、NGOや市民に公式な意見表明の場が与えられていない。そのNGOは常任理事国の拡大に反対している。

【参考文献】

明石康・高須幸雄・野村彰男・大芝亮・秋山信将編『オーラルヒストリー――日本と国連の五〇年』ミネルヴァ書房、二〇〇八年

臼井久和・馬橋憲男編『新しい国連――冷戦から21世紀へ』有信堂、二〇〇四年

馬橋憲男・高柳彰夫編『グローバル問題とNGO・市民社会』明石書店、二〇〇七年

北岡伸一『国連の政治力学――日本はどこにいるのか』中公新書、二〇〇七年

グローバル・ガバナンス委員会『地球リーダーシップ――新しい世界秩序を目指して』日本放送出版協会、一九九五年

R・ドリフテ『国連安保理と日本――常任理事国入り問題と軌跡』岩波書店、二〇〇〇年

David M. Malone, *The UN Security Council: From the Cold War to the 21st Century*, Lynne Rienner Publishers, 2004

ジェノサイドと科学――ホロコーストと「ナチズム体験」を再考する

石田勇治（東京大学）

はじめに

特定集団の抹殺を意図するジェノサイドという破壊行為は古くから見られるもので、二十世紀になって初めて生起したものではない。だが近代のジェノサイドには、それ以前の事例とは異なるいくつかの特徴が見られる。たとえば国民・民族・人種といった近代的諸概念と結びつき、植民地支配や全体主義体制、あるいは総力戦下で、科学・法・メディアを動員してジェノサイドが遂行される点である。結果として、破壊の規模は格段に大きくなった。

科学者がジェノサイドに関与した事例として、二十世紀初頭の旧ドイツ領西南アフリカ（現ナミビア）で起きた先住民へレロ・ナマの虐殺や、第一次世界大戦下のオスマン帝国でのアルメニア人虐殺が知られているが、規模の大きさに着目すれば、第二次世界大戦下のヨーロッパにおけるジェノサイドがとくに重要である。ホロコースト（ユダヤ人虐殺）を中核とするこの未曾有の大虐殺に道を拓いたドイツ優生社会は科学者の主体的な関与を得て初めて現実のものとなったし、ナチの過酷なエスノクラシー

（民族支配）には、科学者による「学術的な根拠」が与えられていたのである。

近年のホロコースト研究・ジェノサイド研究では、アウシュヴィッツなどナチの収容所内で行われていた医学犯罪に再び注目が集まっている。たとえばヨーゼフ・メンゲレは、ヨーロッパ各地から移送されてきたユダヤ人をアウシュヴィッツ絶滅収容所の荷下ろし場で選別し、その大半をガス室に送った医師として知られているが、所内の実験室で人間の血液プロテインの分析に精力を注いでいたことが明らかになっている。「マッド・サイエンティスト」の典型と目されるメンゲレの血液研究は、ナチ体制が築こうとしたエスノクラシーと生命政治のなかでどのような位置を占めていたのだろうか。また同僚の医師カール・クラウベルクが大々的に行なっていた女性の不妊化実験は、何をねらいとしていたのだろうか。

本稿では、二十世紀前半に隆盛した優生学とレイシズム、さらには近代諸科学が「ヨーロッパ・ジェノサイド」に果たした役割にあらためて光をあてる。先端医療・遺伝子工学のあり方をめぐる議論が高まりを見せる今日、二十世紀の「ナチズム経験」を捉え直し、それが示唆する問題を再検討することが求められている。

ナチのエスノクラート――アイヒマン、メンゲレ、フェアシューア

エスノクラシーとは、一般に、係争の的となる土地・領域・住民に対し、エスニックな違い、つまり民族・人種・文化等の帰属の差違を根拠として貫徹される抑圧的で階層的な支配体制のことである。この概念を提起するベングリオン大学のオレン・イフタヘルは、典型的なエスノクラシーを現在のイ

スラエルに見出しているが、これはナチ支配下のドイツにも該当する。

　ナチ時代、ドイツの国民は「アーリア人」と「非アーリア人」に区分され、前者によるエスノクラシーが実現した。そして第二次世界大戦が始まると、支配下のヨーロッパ、とりわけ東ヨーロッパで「アーリア人」を頂点とする階層的で抑圧的な広域民族支配が追求された。これにはナチ党、親衛隊、国防軍と並んで、人種問題や遺伝学、予防医学、地域開発等を専門とする数多くの科学者、行政官、法律家が関わった。ここでは彼らをエスノクラートと呼んでおこう。

　アドルフ・アイヒマンは、「ユダヤ人問題」の解決に答えを出すよう求められたエスノクラートのひとりである。ハンナ・アーレントが描いたアイヒマン像には迫真性があり、ジェノサイドのデスクマーダーについての解釈――「悪の凡庸さ」――を固定した嫌いがある。たしかに戦後の裁判記録を見ると、被告は口々に「命令は絶対で、それに従っただけ」、「自分ではコントロールできない巨大なシステムの歯車にすぎなかった」と証言を繰り返している。しかし、ナチのエスノクラートは自らの行動を周到に考え、その目的と意義を意識し、予想される成果・結果を視野に入れたうえで、与えられたイニシアティヴを行使していた。彼らは行動の首尾一貫性にこだわったし、それがいかに表面的であったにしても、合法性と客観性に配慮した。そして必要とあれば、辻褄あわせをして自己の行動を正当化したのである。

　一九四三年五月にアウシュヴィッツに赴任したメンゲレは、その後一年半余り、少なくとも三千組の双子を実験材料に用いて遺伝研究に取り組む傍ら、被収容者を利用して様々な民族集団の血液標本をつくり、ベルリン郊外ダーレムのカイザー・ヴィルヘム人類学・人類遺伝学・優生学研究所（以下、

ＫＷＡ）に送っていた。

　カイザー・ヴィルヘルム研究所とは、皇帝ヴィルヘルム二世の支持をえて発足した学術財団「カイザー・ヴィルヘルム協会」が設置した研究所で、一九一二年のカイザー・ヴィルヘルム化学研究所を皮切りに、物理学、医学、電気工学など様々な学術部門に設置され、化学のハーバー、物理化学のネルンスト、理論物理学のプランク、アインシュタイン、生化学のブーテナントなど数多くのノーベル賞受賞者を輩出した、二十世紀前半のドイツを代表する世界的な研究機関である。

　メンゲレの血液研究は、ＫＷＡの所長で、当代ドイツ一流の人類遺伝学者オトマール・フォン・フェアシューアが代表を務める研究プロジェクトの一環として行われたもので、同時期に推進された東ヨーロッパのゲルマン化計画に寄与すべきものと考えられていた。

ナチ・ジェノサイドの特徴

　ジェノサイドは、古典ギリシャ語で種を表すgenosと、ラテン語に由来し殺害を意味するcideを組み合わせた造語で、一般に集団殺害、あるいは集団抹殺と訳されている。ポーランド出身の国際法学者ラファエロ・レムキンが一九四四年、ナチ・ドイツの暴力支配を告発するために使用したのが最初である。その後、国連の「ジェノサイド条約」によって定義が与えられ、ジェノサイドは公人私人を問わず、それを犯した個人の刑事責任が問われる国際法上の犯罪となった。

　その定義によれば、ジェノサイドは「国民的、民族的、人種的または宗教的な集団の全部または一部を、集団それ自体として破壊する意図をもって行われる殺人」などの行為を意味する。ジェノサイドに含まれる行為が殺人に限らない点に注意する必要があるが、対象集団を四つに限ったことに関して研究者の間で異論が出されている。本稿では、政治的集団や社会的集団、あるいは実行犯が恣意的に定義する集団への破壊行為を「広義のジェノサイド」と捉えよう。

ナチ・ジェノサイドの場合、破壊対象となった集団は三つに大別される。第一に、心身障害者、不治の病人、ナチによって「反社会的分子」の烙印をおされた人びとである。これらの集団への破壊行為は国際法上のジェノサイドにはあたらず、「広義のジェノサイド」とみなすことができる。第二にユダヤ人、第三にシンティ・ロマ（「ジプシー」）である。その他、「エホバの証人」、戦時下のスラブ系住民、ソ連軍捕虜もここに加えることができる。言うまでもなくユダヤ人が最大の犠牲者集団だが、心身障害者や不治の病人の殺害が、ユダヤ人やシンティ・ロマに対するジェノサイドに先駆けて始まったことを見落としてはならない。

ドイツ優生社会の成立

第二次世界大戦下の「ヨーロッパ・ジェノサイド」を考察するためには、その前提となるナチ・ドイツの生命政治を支えたレイシズムと優生学・優生社会について語る必要がある。

レイシズムとは、人間を生物学的特徴や遺伝学的特性によって種に区分し、それら種の間に生来的な優劣の差があるとする考え方、あるいはそうした偏見に基づく観念、言説、行動、政策を意味する。これは西欧列強の海外進出・植民地獲得の動きとともに形成し、十九世紀の「生物学革命」（進化論、遺伝学）から知的養分を得て発展し、二十世紀には世界中に広まった統合と排除の思考原理である。一方、優生学は人間の遺伝による劣化を防ぎ、遺伝的に優れた人間を増やすための学問であり、十九世紀後半のイギリスで成立したと言われている。本来の趣旨からみて、必ずしもレイシズムと結びつく必然性はなかったが、集団遺伝学や、遺伝と社会過程の関連が取り沙汰されるなかで両者は結びついていった。

　ドイツの優生学者アルフレート・プレッツは、自らが創設した学会に人種衛生学会（一九〇五年）の名称をつけ、種の原理にそって人間社会は構成されるべきだと主張した。プレッツによると、隣人愛や相互扶助で成り立つ社会は、淘汰と選択を柱とする自然の摂理と相容れない。種が進化を遂げるためには、社会改造が必要だというのである。プレッツは、劣等な人間の子孫を増やさないよう、国家による積極的な介入とくに断種政策の必要性を喧伝した。第一次世界大戦の少し前のことである。

　アドルフ・ヒトラーは変革の切り札として優生学に期待を寄せていた。とくに優生学者が主張する断種法の制定には並々ならぬ意欲を示していた。『我が闘争』から引用しよう。

「民族主義国家は種を一般生活の中心に据えねばならない。それは種の純粋保持に努めなければならない。それは子どもこそ民族のもっとも貴重な財であると宣言しなければならない。それは、健康なものだけが子どもを生むよう配慮しなければならない。それは、病気や欠陥がある場合に子どもを生むのはただの恥辱であり、これを諦めることこそ栄誉であることに留意しなければならない。逆に健康な子どもを生まないことは非難されねばならない。そのさい国家は千年の未来の保護者として立ち現れ、これに対する個人の願望と個性はないものとして、犠牲にされねばならない。国家はこの認識を実行するために最新の医学的手段を用いなければならぬ。」

ヒトラーは一九三三年の政権掌握後もこの立場を堅持した。文中の「種の純粋保持」とは、ヒトラーがいう「アーリア人」の純血保持を意味し、それが新しい民族共同体の規範となった。しかしだれが共同体の構成員となるのか。もはや言語や出生地ではなく、先祖から受け継いだ血統がこれを決することになった。ナチ時代、家族の系譜図・家系図が重視され、人びとは血統証明書を所持していた。ヒトラーは新しい形の国民統合を求めたといえよう。

統合力の強化は、その反作用として排除の力を引き起こす。ナチは真っ先にユダヤ人を民族共同体の構成員から外そうとした。そのさい、本人がキリスト教に改宗していても、たとえば両親がユダヤ教徒であれば、「ユダヤ種」に属すると見なされた。ユダヤ人の定義は、「ニュルンベルク法」(一九三五年)関連政令で示されたが、宗教的帰属を根拠としたことに曖昧さを覚えた科学者は多く、ユダヤ人をいかに同定するかという問題が未解決の課題として残された。

ユダヤ人以外では、民族共同体の規範から逸脱したと見なされた人びと——同性愛者、労働忌避者、常習犯、浮浪者、兵役拒否者など——が「反社会的分子」として、またシンティ・ロマにも排除の圧力が加えられた。ナチはこれらの集団に対する大規模な一斉取り締まりを繰り返し、ドイツの町から彼らを一掃した。こうした取り締まりは、親衛隊と一体化した警察の手で進められたが、「治安の回復につながった」として、一般に好意的に受け止められていた。このとき収容所や施設に入れられた多くの人びとに対して断種・不妊手術が施された。その根拠となった法律が一九三三年七月、ナチ政権下で成立した「遺伝病子孫予防法」(強制断種法)である。この法律制定の背景には、アカデミズムにおける優生学の台頭と、優生思想の社会的な広がりがあった。

ヒトラーが政権を握ったころ、優生学は様々な社会問題を解く鍵、ある種の「応用科学」として世間の注目を集めるようになっていた。きっかけは第一次世界大戦である。この戦争でドイツは約二百万人の青年男子を失った。結婚適齢期の男性が減る一方で、女性の社会進出が進み、出生率は低下し、少子高齢化がだれの目にも明らかになった。「戦場で斃れたものは皆優秀だった」といわれ、残された人びとの間で人間の質をめぐる議論が巻き起こった。「いかにして優れた人間をつくるか?」――これが喫緊の問題となった。社会民主党が政権を握るプロイセン州でも、より良い結婚と出産を奨励する公的結婚相談所が設置された。

アカデミズムでも優生学に注目が集まり始めた。一九二三年にはミュンヒェン大学に優生学講座が開設され、大学外でも一九二七年、前述のカイザー・ヴィルヘルム人類学・人類遺伝学・優生学研究所（KWA）が設置された。所長には、かつてドイツ領西南アフリカでの混血研究で名をあげた人類学の重鎮オイゲン・フィッシャーが就任した。

第一次世界大戦後のドイツは、民主的憲法を擁する共和制国家となった。国民の生存権を定めた画期的なヴァイマル憲法の下で、ドイツは「社会国家」の道を歩み出した。社会福祉が拡充し、病院・保健所ではソーシャルワーカーが活躍するようになった。しかし、一九二九年の世界恐慌が事態を一変させた。福祉政策が財政を圧迫し、経費の削減が声高に求められるなかで、それまでは議論されてはいても実現が難しいとされた「選択的福祉」が現実のものとなってゆく。

「遺伝病子孫予防法」は、ヒトラー政権成立の半年後に成立した。これは、プレッツの弟子筋にあたるエルンスト・リュディンなど、ドイツ優生学者とヒトラー政権のコラボレーションの最初の成果であった。強制断種・不妊手術の対象にされた者は、統合失調症、躁鬱病患者、てんかん患者、盲人、聾唖者、身体的奇形を有する人びとなどで、数の上では精神薄弱にカテゴライズされた人びとが最多を占めた。他にアルコール中毒患者も同じ扱いをうけた。彼ら彼女らは「悪性遺伝子」の保有者とされ、そうした素質を帯びた子孫の誕生を未然に防ぐと称してこの措置がとられたのである。

個々の断種の可否に関して医師や専門家が鑑定書を記し、各地に新設された「遺伝健康裁判所」が決定を下すという仕組みがつくられた。異議申し立ても可能だったが、結局、ナチ体制下で約四十万もの人びとが本人の意志とは無関係に生命をつくる権利を奪われた。この法律はナチ優生政策の原点となり、優生社会の本格的な幕開けを告げるものとなった。

優生学者のさらなる提言を受けて、断種の対象は拡大し、有色人種との間に生まれた混血児や、浮浪者やホームレス、売春婦など「反社会的分子」にも適用されるようになった。一方、優秀な遺伝形質の保有者に対しては、結婚奨励・出産奨励措置がとられた。親衛隊が設置した「命の泉」（レーベンスボルン）と呼ばれる機関では、優秀な遺伝子を引き継ぐためにシングルマザーの出産支援、望まれず生まれた赤ん坊の養子縁組など様々なサービスが提供された。

ナチ支配下のドイツでは、官民あげて優生思想の普及がはかられた。学校や病院、職場では「人の価値に生来の差があること」が事実として教えられ、ヴァイマル共和国時代の自由主義な教育理念・価値観は完全に葬り去られた。種々のメディアを通して、重度の身体・精神障害者に対するケアが「種の利益」、公共の利益に反するものであると喧伝された。国家は、民族の生命を宿す有機体として、また共通の遺伝子プールをもつ「民族体」として捉えられ、その力を育むため、そこに属さぬ者の排除が当然のごとく求められた。ユダヤ人や「ジプシー」、遺伝病患者、「反社会的分子」は、「民族体」を蝕む病原菌、あるいは癌のごとく扱われた。そして、彼らに憐憫の情を抱くことさえ戒められたのである。

結婚への国家の介入も始まり、先に述べた法定遺伝病患者や障害者との結婚が禁じられ、結婚希望者には「結婚適格証明書」の提示が義務づけられた。結婚を機に、個人の遺伝情報が国家のもとに集められるようになった。

優生思想はどこよりも医学界に広く浸透し、医師には様々な鑑定書の作成という業務とともに、「民族体」の健康を守るという新たな重い使命が与えられた。治療よりも予防に重点をおいた研究が進められて行った。

強制断種法は、優生学者が強く求め実現したものだが、第二次世界大戦の開幕とともに始まった、「生きるに値しない」と見なされた者の「安楽死殺害」については、これまでヒトラーとその側近のイニシアティヴが過度に強調されてきた。たしかにヒトラーは障害者の組織的殺害の必要性について側近に漏らしており、総統官房もこの政策の中核を担うことで影響力の拡大をめざしていた。だが、強制断種法の制定に始まる優生社会の進展がヒトラーの意思を後押ししたことは明らかである。「精神障害者や治る見込みのない患者の存在は速やかな戦争遂行を阻害する」と考えたヒトラーとその側近は、早くからこれを容認していた精神科医と協力して手順を定め、組織的殺害に着手した。グラーフェニク、ハダマールなど全国六ヵ所に専用の殺害施設が設けられ、四一年夏にいったん中止されるまで約七万人が犠牲となった。これは、この政策の推進本部が置かれた番地名から「T４作戦」とよばれるが、

「広義のジェノサイド」の一例である。

「生きるに値しない者」へのジェノサイドは「T4作戦」の枠外でも進められ、複雑な過程を辿った。すでに開戦前の三九年八月には新生障害児の一斉調査が始まり、障害をもって生まれた子どもに対するジェノサイドが全国三十ヵ所の病院で始まった。この殺害を組織したのは精神医学の権威カール・シュナイダー教授で、ハイデルベルク大学神経病院が拠点となった。亡くなった新生児の脳は、精神科医や脳病理学の研究目的に利用された。

「T4作戦」にはフェノール注射や有毒ガスが使用されたが、この作戦にかかわった医師・看護士・衛生士は多くは一九四一年秋以降、ヘウムノ、ベウゼツ、トレブリンカなど、ポーランド各地に設けられた絶滅収容所に配置され、ユダヤ人ジェノサイドを技術面で支えることになった。

このように、優生学者が求めた健全な「種の共同体」という未来像は、ナチ体制のもとで大規模な強制断種政策を導き、やがて心身障害者ジェノサイドを経てホロコーストへとつながったのである。

エスノクラシーと科学——「東部総合計画」と人種の同定

イギリスの歴史家エリク・ホブズボームはある著書の中で、ヒトラーを「ウィルソン流のナショナリスト」と呼んでいる。極端な人種主義者がその本質においてナショナリストであったことは、自明ながら重要である。オーストリア生まれのヒトラーはかねてよりハプスブルク帝国を「民族の牢獄」ととらえ、その解体を求めていた。ヒトラーの目標は、ナチ党綱領第一条が謳うように「すべてのドイツ人を民族自決権に基づきひとつの大ドイツに統合する」ことにあった。

一九三九年九月、ポーランドに侵攻したドイツは、開戦直前に相互不可侵条約を結んだソ連とともにポーランドを分割し、ポーランド西半を占領した。ドイツ占領下のポーランドは、ヴァルテラント、ダンツッヒ・西プロイセン、東オーバーシュレジエンのようにドイツ本国に組み込まれた東部編入地域と、ワルシャワ、ルブリンなどドイツの属領に位置づけられた総督府領に区分された。

東部編入地域では、ゲルマン化政策とともに過酷なエスノクラシーが始まった。ゲルマン化政策は「ドイツ化政策」ともいわれ、現地の非ドイツ的、反ドイツ的、そしてユダヤ的な要素を根絶やしにした。ヒトラーはスラヴ系住民のドイツへの同化を禁じ、ドイツ系住民の移住・入植によるゲルマン化の実行を求めた。そのさい、あてにされたのが「民族ドイツ人」、すなわち国境外に住む、ドイツ国籍をもたないドイツ系住民である。

この大規模な移住政策を詳論する余裕はないが、東部編入地域では「民族ドイツ人」に宿泊施設を提供するため精神病院の患者が毒ガスで殺害されたことを指摘しておこう。東部編入地域のユダヤ人は総督府領への移住を強いられたが、これは様々な理由で難航し、ユダヤ人を一時的に拘留するためのゲットーが各地につくられた。ゲットーはどこも衛生状態が悪く、食糧も不足し、疫病の蔓延が恐れられた。

ヒトラーから移住政策の全権を委任されていた親衛隊全国指導者のハインリヒ・ヒムラーは、「すべてを解決する対ソ戦の勝利」に期待を繋いだが、その見通しが失われると、もはやどこにも移送・追放できなくなったユダヤ人を効率的に処理するための具体的な方策が検討されるようになった。

移住政策が難航していた間も、農学・地理学・地域開発・人口学・都市工学・経済学など多様な分野の科学者が、東ヨーロッパのゲルマン化を円滑に推進するために、「東方の大帝国」を視野に入れた「東部総合計画」の作成に取り組んでいた。その中心にいたのが、ベルリン大学教授のコンラート・マイヤーである。マイヤーはゲッティンゲン大学で農学を学んだ後、ナチ党の国土計画・地域開発の専門家として頭角を現し、三六年にはドイツのアカデミズムに大きな影響力をもつ学術助成団体「ドイツ研究協会」(DFG)の副総裁となった。第二次世界大戦が始まると、マイヤーはヒムラーの要請をうけて「東部総合計画」の策定に指導的役割を発揮した。

「東部総合計画」は、東ヨーロッパからウラルまでの広域をドイツの「生存圏」に位置づけ、ここをドイツ本国に食糧・資源・労働力を供給する自給自足の一大拠点にしようとした。計画によれば、「生産性が低い」ポーランド農業は一掃され、ドイツ自営農をモデルとする新しい「集約型農業経営」がそれにとって代わるはずであった。そして、その担い手がドイツ本国から入植予定のドイツ農家と、東ヨーロッパの「民族ドイツ人」であった。計画には近代的地域開発の知見がふんだんに盛り込まれ、農民の農村離脱を防ぐために「民族文化の守り手」を自負する、勤勉で信心深いドイツ農民の育成が想定された。ドイツ的な生活様式、伝統的な風習が移植され、民族と文化の拠り所を「新しい東部」に求めるというのである。

こうした東部入植計画は、ナチ時代に初めて始まったものではない。起源は十九世紀に遡るが、ここでも転機となったのは第一次世界大戦である。ドイツ帝国はその戦争目的に、ロシアのヨーロッパ地域を含む東ヨーロッパ全域の長期的支配を掲げていた。だが敗戦でその野望が断たれ、逆に東部領を失ったドイツでは、ポーランドやチェコスロヴァキアなど新生独立国家内に取り残されたドイツ系住民の存在を重視し、これを根拠にヴェルサイユ講和条約の修正を要求するようになった。アカデミズムでも、東ヨーロッパの「ドイツ民族文化」に注目が集まり、民俗学・言語学・文学・歴史研究の分野で「東方研究」が活発化した。この流れはナチ時代に引き継がれ、「生存圏構想」の知的基盤を形成した。マイヤーの「東部総合計画」は、こうした学術研究の延長上に位置づけられるものである。

ナチ時代の民族移住政策には、人類遺伝学、優生学、予防医学も深く関与した。ドイツ農民はいうにおよばず、「民族ドイツ人」は「アーリア入植者」の資格を得るに相応しいか否か詳細に調べられた。出身地、階層、職歴、家系、ドイツ語能力、政治的態度などの調査のほか、遺伝学的に健康か否かについて身体検査も行われた。そのさいの重要な基準は「ドイツ化可能の程度」である。その判定結果によって「ドイツ人同等」から「入植不能=異人種」まで四段階に区分され、段階に応じて異なる処遇を受けた。「民族ドイツ人」の場合、ドイツ語を解さない者も多く、判定にあたり強く求められたのが客観的な根拠であった。

毛髪の色や頭蓋骨の形状など曖昧な特徴ではなく、血液検査で人種を同定できればとフェアシューアは考えていたに違いない。マールブルク大学で医学を学んだ後、優生学・遺伝生物学の分野で頭角を現したフェアシューアは、フランクフルト大学教授を経て一九四二年にKWA所長に就任した。彼は前任者のフィッシャーと同様、ユダヤ人を宗教的集団としてではなく、人種的集団として捉え、「ユダヤ人問題」を人種問題に位置づけた数多くの科学者のひとりであり、「ニュルンベルク法」関連政令でユダヤ人が非科学的に定義されたことを憂えていたのである。

「民族ドイツ人」やユダヤ人を客観的かつ科学的に同定することは、ナチのエスノクラートの夢であった。メンゲレがアウシュヴィッツの実験室で血液サンプルをつくり、ベルリン・ダーレムに送っていたのは、ユダヤ人を含む人種の指標を血液プロテインの分析によって解明する研究のためであった。メンゲレの同僚、カウルベルク医師が取り組んでいた女性不妊化手術の研究は、ナチ支配下のスラヴ系住民を一、二世代の内に根絶させるための科学的手法を開発するためであった。

ＫＷＡは、ナチ時代を通して、ヒトラー政府が推進する優生社会の形成に深く関与してきた。政府の諮問委員を務めた所長のフィッシャーを始め、研究者は大きな社会的影響力を行使した。フィッシャーは一九四一年、「優生学が今や国家の原理となり、医師免許試験の必須科目にもなったこと」を誇らしげに語っている。だがその一方で、ＫＷＡの啓蒙活動はすでにその使命を終え、研究所の存在意義が内外から問われるようになっていたことも認識していた。

一九三〇年代、ドイツの人類遺伝学はある種のパラダイム転換を経験していた。それは、古典的なメンデル遺伝学から、遺伝子の相互作用や環境要因を取り込んだ表現（現象）遺伝学（Phänogenetik）への移行によってもたらされた。具体的にいえば、生命が遺伝子の設計図にしたがってどのように発展するかという新たな問いに裏打ちされ、プロテイン、酵素、ホルモンなど、遺伝子型と表現型の間に位置し、それらを通して遺伝情報が身体に書き込まれると考えられたものへと研究上の関心が向かったのである。この過程で発生学・発達生理学・生化学との関連が生まれ、人類遺伝学は動物実験を取り入れた遺伝病理学へ傾斜が深まった。アウシュヴィッツにおけるメンゲレの双生児研究や虹彩色の研究はこうした新しい問題関心を反映していたのである。フィッシャーもフェアシューアも、すでにナチ社会の規範となった優生思想の普及よりも、新たな人類遺伝学研究の展開を追求していた。むろん、そのために莫大な費用がかかる。KWAは政治的なバックアップを求めていたのである。

この時、KWAが接近したのが、小児科医の経歴があり、ナチ時代には帝国保健指導者としてドイツ全土の保健衛生政策に絶大な力を行使していたレオナルド・コンティである。コンティは、KWAの諮問委員でもあったが、一九四一年一月、その諮問委員会の場で「本研究所には国家にとって大きな存在理由があり、他の研究所はこれを範にとるべきである」と述べて、KWAへの財政支援を約束した。当時、コンティは占領下の東ヨーロッパで進行中の大規模な民族移住政策や、ユダヤ人をゲットーに押し込めたことにともなう疫病の広がりに神経を尖らせており、KWAがこれらの問題で貢献することに期待を寄せたのである。医学者コンティも、農学者のマイヤーも、人種の同定に科学の力が役立つことを疑わなかった。フェアシューアが代表者となる血液研究プロジェクトは、コンティの知り合いであるマイヤーが指揮をとるドイツ研究協会によって採択され、公的資金援助を受けて遂行されることになったのである。

終わりに

フェアシューアは一八九六年生まれ、クラウベルク一八九八年生まれ、コンティ一九〇〇年生まれ、マイヤー一九〇一年生まれ、メンゲレ一九一一年生まれ。ナチのエスノクラートはいずれも世紀転換期に生まれた人びとである。この世代は、第一次世界大戦の敗戦と混乱、ヴェルサイユ条約の屈辱、さらには世界恐慌と苦しい経験を重ねながら、ヒトラーの登場によって再び「強いドイツ」を実感した。ライバルのユダヤ人科学者が追放されたあとのポストを分け合った彼らは、新しい学問を次々に政策にとりこむナチ体制の下で活躍の場を得た。そして民族共同体の創設と広域民族支配の始まりは、科学者が取り組むべき新たな課題を生んだ。

ナチのエスノクラートの大半は、敗戦後の「ヴァイマル理念」を受け入れず、人権思想に背を向けた。そんな彼らにとって、ナチの優生社会は自らの理想でもあり、エスノクラシーは自己実現を可能にする場でもあった。たしかに第二次世界大戦は、科学の使命に関する彼らの考えを変えたであろう。だが科学者たちはすでにその倫理的制約から自らを解き放っていたのである。

カイザー・ヴィルヘルム研究所は、第二次世界大戦後にその名称をマックス・プランク研究所と改め、現在もドイツの学術研究をリードしている。また、ドイツ研究協会も現在のドイツ学術助成の中核的な組織として重要な役割を果たしている。いずれも近年、ナチ時代の自らの負の過去を糾明するための取り組みを第三者の歴史研究者グループに委ね、細部にいたるまでその実態を明らかにしつつある。

付記――横浜市民大学講座で行った「アウシュヴィッツが投げかける問い」と題する講演については、石田勇治「アウシュヴィッツが投げかける問い――二十一世紀の歴史学はこれにどう答えるか」『東海史学』（東海大学史学会、四二号、二〇〇八年）を参照のこと。

【参考文献（引用順）】
城山英明・石田勇治・遠藤乾（編）『紛争現場からの平和構築』東信堂、二〇〇七年
ハンナ・アーレント『イェスラエルのアイヒマン――悪の陳腐さについての報告』みすず書房、一九六九年
高橋哲哉・山影進（編）『人間の安全保障』東京大学出版会、二〇〇八年

『岩波講座アジア・太平洋戦争（八）二十世紀の中のアジア・太平洋戦争』岩波書店、二〇〇六年
アドルフ・ヒトラー『完訳わが闘争』角川書店、一九七三年
小俣和一郎『ナチスもう一つの大罪――「安楽死」とドイツ精神医学』人文書院、一九九五年
エルンスト・クレー『第三帝国と安楽死――生きるに値しない生命の抹殺』批評社、一九九九年
エリク・ホブズボーム『ナショナリズムの歴史と現在』大月書店、二〇〇一年
ゲッツ・アリー『最終解決――民族移動とヨーロッパのユダヤ人殺害』法政大学出版局、一九九八年
石田勇治『過去の克服――ヒトラー後のドイツ』白水社、二〇〇二年
石田勇治『二〇世紀ドイツ史』白水社、二〇〇五年

戦争という仕事

内山節（哲学者・立教大学大学院）

はじめに

戦争はこれまで政治的、軍事的行為という視点からとらえられてきた。もちろん戦争の動機は政治的なものであり、その背景には多くの場合経済的な権益があることに変わりはない。クラウゼヴィッツの『戦争論』にしたがえば、戦争は内政の延長線上の行為でもある。だがこのような視点だけで、私たちは十分な「戦争論」をつくることができるのだろうか。というのは、政治の先に近・現代的な戦争が起こり、その背後には経済的権益と経済的不平等があることは百年以上前からわかっているというのに、私たちの世界はいっこうに戦争をなくすことができないでいるからである。誰もが平和を願い、誰もが公正な世界を願っているというのに、現実には「平和のための戦争」や「世界の公正を取り戻すための戦争」が起こりつづける。あるいはそのようなスローガンの下に、私たちは絶えず「戦争のある世界」に巻き込まれていく。

それは、私たちがこれまで述べてきた「戦争についての言説」に、何か重要な欠陥があったのでははないかということを考えさせる。そのような問題意識を持ちながら、本稿では戦争を「仕事」という視点から考察してみようと思う。戦争を現代の「仕事」としてとらえたとき、どのような世界がみえてくるのか。

ところで戦争を「仕事」としてとらえる必要性を感じたのはつぎのような出来事からであった。現在も進行しているアメリカのイラク侵攻がはじまってまだ間がない頃、一人のアメリカ人女性兵士がイラクのレジスタンス勢力の捕虜になるという事件があった。それを伝えるニュースのなかで、この女性兵士の母親がインタビューに応えるかたちで語っていた。「田舎娘にとって戦争は千載一遇のチャンスだったのに。」

田舎に暮らす一人の娘にとっては、戦争は自己に新しい可能性を開いてくれるチャンスだったのである。兵役を終えれば、大学にも優先的に進学できるだろう。それをきっかけにして、閉ざされていたと感じていた出世への道も開かれるかもしれない。未来を切り開くチャンスが彼女には訪れていた。

あまりにも堂々とそう語る母親の姿を前にして、私は、むしろ自分がこれまで何か重要な勘違いをしていたのではないかと感じた。それは戦争に対する人々の気持ちを考えずに、たとえそれがどんなものであったとしても、私たちは「戦争論」をつくり出してきたのではないかという気持ちである。この母親にとって戦争は、政治的出来事でも軍事的出来事でもなく、自分の娘の前に突然現れた個人のチャンス以外のものではなかった。いわば人生の賭としての仕事だったのである。

もちろんこの母親の発想を非難する人たちは多いだろう。戦争がよいかどうかをまず考えるべきだ。そしてこの戦争を起こしてしまった現代世界とは何か、とりわけアメリカ社会とは何かを考えるべきだ。しかしその声はこの母親に届くだろうか。おそらく届くことはないだろう。そしてそうである限り、戦争をチャンスとしてとらえる人々は絶えず生まれ、戦争は遂行されていくのである。私たちの「反戦の正義」はこうした「エネルギッシュな人々」によって、かき消されていく。

戦争という仕事の世界

戦争のなかでは多くの人々が仕事をしている。まずは兵士である。彼らは仕事先として軍隊を選んだ。徴兵制度のある国なら、この仕事に就くのは強制である。だが兵隊になったときから何らかの仕事をしていることに変わりはない。とともに戦争では多くの非戦闘員の仕事がある。とりわけ今日のアメリカの戦争では「戦闘員」の仕事も民間会社に発注されていることがよくあるから、「戦闘員」と「非戦闘員」の区別をつけるのも容易ではなくなっている。戦争がひとつの地域の占領行為である以上、軍隊の周りには占領した地域を円滑に管理するための多くの「民生」要員が必要になるし、軍事作戦を遂行するには輸送や物資補給、広報などのたくさんの仕事が展開することになる。

それは「本国」でも同じことである。武器、エネルギー、食料などの生産、さらに戦争に対する国民の支持を維持するための多くの仕事。こんなふうに観ていくと、実に多くの仕事が結びあうなかに現代の戦争は遂行していることがわかる。

ところで、とするなら、兵士はどのような仕事をしているのであろうか。敵を殺す仕事、あるいは敵を降参させ、殺す仕事を、である。戦争では多くの敵を殺し、降参させた者が、よい仕事をした人として表彰される。争い、勝つことが仕事であり、勝った者が成功者としての地位を得るのである。

さてこのように考えていくと、兵士という仕事は今日の私たちの世界のありふれた仕事とどこか共通していることに気づくだろう。そう、市場経済の下でおこなわれている仕事との共通性に、である。市場経済の下で日々おこなわれていること、それは自分たちの支配圏の絶えざる拡大を目指す戦いである。経済戦争という言葉を使うこともある。シェアの拡大、独占的な技術の確立、市場競争に打ち勝つ……、どのような言葉を使おうともそこでおこなわれていることは、自己が支配できる世界を拡大することに他ならない。とすると、この戦争と軍事力を用いた戦争のあいだには、原理的な共通性があることにはならないだろうか。

自分で判断してはいけない仕事

イラク戦争が始まってしばらくしたとき、日本もイラクに自衛隊を派遣している。政府の言い分では自衛隊が行くところは非戦闘地域であり、派遣は軍事行動には当たらないということになっている。しかしこの言い分をまともに信じる人は少ないだろう。侵略がおこなわれている場所で、戦闘地域と非戦闘地域の区別をつけることはほとんど不可能である。

この自衛隊の派遣は日本の戦後史にとっては一大転機であった。今日では拡大解釈によって形骸化しているとはいえ、日本の憲法では戦争は否定されている。ところが現行憲法でも軍隊の海外派兵が可能だという前例をつくったのである。私はこの「あぶなさ」に日本の多くの人たちは気づいていたのだと思う。

しかし反戦運動はほとんど盛り上がることがなかった。もちろん、それでも戦争反対の声を上げた人たちがいることを私は知っているし、その人たちに私は敬意もいだいている。だが私たちは敢えて問わなければならないだろう。なぜ反戦運動は盛り上がらなかったのか。もちろん他の先進国では日本よりは大きな反戦の声が上がった国もある。しかしそれらの国でも運動は持続的に展開しなかった。いったいなぜなのか。私はその理由は、自分たちの日常の行動と戦争とのあいだに、さほど大きな溝がなかったからではないかと思っている。戦争は自分たちの日常を破壊するもの、その意味で非日常的なものではなくなり、日常との共通性の多いものに変わっていた。すなわち、自分たちが日々おこなっている仕事と戦争という仕事のあいだに大きな距離がなくなっていたのである。どちらもが自己の支配圏を拡大し、勝つための仕事をしている。それにもうひとつ、こういうことがある。

自衛隊が派遣されることになったとき、派遣される自衛隊員がニュースに映っていた。隊員がテレビのなかで語っていた。「我々は命令に従うだけです。」

それは兵士の仕事を如実に示す言葉だった。まさに兵士という仕事は「命令に従う」以外のことは許されていない仕事なのである。

もちろん、兵士はそうでなければならない。軍は考えてはならないのである。戦争をするかどうか、出動するかどうかは政治の領域で決めること、可能か不可能かは別にして原則としては国民が決めることであって、軍は決定権をもってはならない。たとえ出動が決まったとしてもどの程度のレベルで戦争をするかも軍が決定することではない。この原則が崩れ、軍が自分の判断で動いてしまったら、私たちの社会は破滅的である。軍や兵士が自発的に考えてよいことは、現地でのきわめて限定的なことにかぎるのであって、基本的には「命令に従う」だけの存在でなければならない。

ところがこのように考えていくと、私たちはここにも現代の一般的な仕事との共通性があることに気づくのである。

今日の企業労働は、その根源に「命令に従うだけ」という性格をもっている。ただし命令を下しているものが人間だとはかぎらない。工場の生産システムだったり、企業システムだったりすることもしばしばである。働く人たちが考えてよいことは、決まった仕組みのなかで作業を効率よくこなすための方法であって、そもそもその仕事に実行するだけの意義があるかどうかは考えてはいけないことである。

この関係は一見するとわかりにくい。たとえば投資企業で投資に関する仕事をしている人がいるとしよう。彼には一定の裁量権が与えられており、投資実績が上がれば、翌年にはさらに大きな裁量権と運用資金が与えられる。このような場合、働いている人は自分が「命令に従う」だけの労働をしているとは考えない。むしろ誰に命令されることもなく、自分の判断で、自由に仕事をしていると思うだろう。だがこのようなケースでも、果たして彼は自由に仕事をしているのだろうか。投資というシステムを受け入れることによって、それに疑いを差し挟まないことによって、彼の労働は成り立つのである。彼の労働は基本的には、現代の市場経済がつくりだした投資というシステムのなかで、効率よく自分の作業を成し遂げることによって成立する。

労働を成立させる基本的な部分についての判断を放棄することによって、そこで手にした自分の仕事を効率よく進める。それが現代の企業労働だとするなら、この労働と兵士の仕事との類似性をみることは容易である。なぜなら兵士もまた、自分の労働の基本的なことに関する判断を放棄して、その結果生まれた自分の仕事を手際よく、効率よくこなすことを目指すからである。
現代世界はこのような労働を内部に展開させることによって形成された。とすれば兵士の仕事のかたちは、異端ではなく、現代の正統であるということもできる。

交換可能な労働

ところで兵士たちの仕事をみると、そこには交換可能な兵士たちの姿がみえてくる。たとえばある作戦を遂行するのに三千人の兵士が必要だとしよう。このとき必要なのは三千人の兵士であって、特定の誰かではない。その作戦を遂行するのに必要な人員だけである。何らかの理由で一人が減れば、一人を補充すればよい。それだけである。兵士の数は機関銃千丁が必要だとか、ロケット砲五百丁が必要だとかいうことと基本的な違いはない。機関銃百丁が損傷すれば百丁を補充すればよいのと同じことである。

一人一人は「かけがえのない」兵士としてではなく、他の誰かと「交換可能な」兵士として組織化されている。そう考えるとき、私たちはここにも現代の労働との共通性をみいだすことができるだろう。

二十世紀の世界は、人間の労働を誰もができる労働、ゆえに交換可能な労働に変えることによって成立した。この「功績」は今日テーラー、フォードの名とともに私たちに記憶されている。そしてこの転換こそが十九世紀の資本家たちの悲願でもあった。

誰でも知っているように近代的な産業のかたちは、十八世紀後半のイギリス産業革命にはじまる。

ところが十九世紀までの近代産業のかたちと二十世紀以降とでは、質的に大きな違いが存在する。

たとえば十九世紀までの工場をみると、工場の内部の多くは職人労働の世界として展開していた。物づくりは職人の手でおこなわれていたのである。もちろんアダム・スミスがみたように、紙の袋を作る工場など単純作業が一日中続く作業場がないわけではなかったが、多くの工場では雇われた職人たちが技を用いて物づくりをすすめていた。そこは職人労働者の世界だったのである。

それは資本家にとっては悩みの種だった。資本家にとってはもっとも効率よく、最大のスピードで生産がおこなわれることが望ましい。そしてそれを実現しようとすれば、労働内容自体を管理したくなる。労働の内容を管理できなければ、その労働から無駄な部分を省き、生産効率を高めることはできないのである。ところが工場が職人労働に依存しているとそれができない。職人は自分の経験によって獲得された技を用いて生産をする。自分の技に対する誇りもあるし、こだわりもある。

それだけではない。職人労働がおこなわれている職場では「親方」と呼ばれる人を核にした協業集団のつくられるのが普通である。中心に親方がいて、その周りに熟練の職人たちがいる。さらにその周りには半熟練とでもいうべき人たちがいて、その外側に「見習い」中の若い人たちがいる。職場にはこのような労働集団がつくられ、この集団が親方の指示でものづくりをすすめていく。とともに労働者はこの集団の一員として働きながら仕事を覚え、技を教わりながら将来親方になっていく道を歩むのである。

工場に一歩はいると、そこは職人労働者たちの集団が、いくつも展開する世界になっている。それが十九世紀までの工場の基本的なかたちだった。そして、それゆえに資本家たちは、労働の内容を自分の方針で管理することができなかったのである。資本家は職人ではない。そうである以上労働の内容自体はわからない。資本家にできることは、工場を造り、職人を集めるところまでであって、物づくりの方法自体は職人の「聖域」になってしまうのである。しかも現実は資本主義の社会である。資本家は安い賃金で労働者を雇っている。そんな状態で、労働者がめいっぱい働くはずはない。資本家は労働者は忙しそうにしながらも実際には適当に手を抜いて、疲れない程度に仕事をしているに違いないと思っていた。

この状態を資本家は「改善」したかったのである。どうしたら労働者をめいっぱい働かせることができるのか。そのためには労働の内容自体を資本家が管理できる体勢をつくらなければいけない。ところが生産が職人の技に依存しているかぎり、資本家は労働に介入していくことができない。

この事態を「解決」したのが、二十世紀初頭にアメリカで活躍したテーラーであり、フォードであった。テーラーは金属機械工場の工場長のような立場にあった人であり、フォードは初の量産型自動車をつくった人である。この二人に交友はなかったようだが、同じ方向をたどった。資本家が労働内容を管理し、もっとも効率のよい生産を実現するためには、工場から職人労働を追放すればよいと考えたのである。こうして労働を単純化する試みがはじまった。労働を誰にでもできるものに変えてしまえば、職人は必要なくなる。

そして実際に二十世紀の工場ではそれが実現したのである。もはや職人も熟練労働者も必要なくなった。もちろん特殊なものを生産する場所ではそうもいかなかったが、大量生産する工場では、単純労働の結びつきから物がつくられるようになり、資本家は生産効率を管理することができるようになっていった。

そのとき何が生じたのだろうか。ひとつは労働から物づくりの楽しさが消失してしまったことだった。もうひとつは大量生産、大量消費の時代のはじまりである。そしてさらに、労働が自分の技を使っておこなわれる「かけがえのないもの」から他の誰とでも「交換可能」なものに変わっていった。もはや特定の誰かは必要ではなかった。千人の労働者が必要な工場があれば、千人の労働者を雇いさえすればそれでよかった。

このかたちが工場労働だけでなく、オフィスでの労働にも浸透していく、それが二十世紀の労働の歴史である。そしていま私たちは自分たち自身が交換可能な人間として仕事をしている現実と、兵士たちが交換可能な兵士として軍の仕事をしていることとの間に、差異のない世界を見出さざるを得なくなった。おこなっている仕事は全く違うのに、同じようなかたちで人間が組織化されていることにである。

記憶の破壊

ところでもう一度「戦争という仕事」に戻ってみよう。はじめに私は戦争とは敵を倒し、支配圏を拡大していく仕事だと述べた。ただしこの仕事に参加する人たちが、そういう意識を明確にもっているとはかぎらない。むしろ一人一人にとっては、軍もまた雇用される場所であり、ときに「チャンス」を与えてくれる場所なのである。それは私たちが企業に勤めたときでも、その企業でおこなわれていることに意義を見出しているのではなく、自分にとっては安定的な雇用先であったり、「スキル・アップ」を可能にする有利な勤務先であったりするのと同じことである。

だが戦争は合法的な殺人が伴われる仕事である。とするとこの仕事は何を実現しようとしているのであろうか。

かつて植民地になった国では、長い支配の間に、その国の元々の言語が消滅してしまった国がたくさんある。今日の英語圏、フランス語圏、スペイン語圏等々の国々である。そしてそれは元々の言語とともにあったその地域の考え方が消滅してしまったことを意味する。

それはこんなふうに考えればよい。明治になるまで日本には「自然」という概念がなかった。なぜかといえば、自然と人間を分けてとらえる発想がなく、自然も人間も同じ世界を生きている、同じ生き物だと人々は思っていたからである。つまり人間の外にあるものとして「自然」をひとまとめにとらえる発想がなかった。その結果明治に入って欧米の文献を翻訳しようとしたとき、翻訳者たちは欧米語の「自然」を前にして苦労した。どういう単語を当てたらよいのかわからなかったのである。日本語には「自然」という言葉はないのだから、対応する単語がない。その結果「じねん」と読んでいた「自然」という言葉を「しぜん」と読ませて訳語にした。こうして日本に自然という概念がもたらされたのである。一応述べておけば「じねん」は「おのずから」という意味で、いまでも私たちは「自然にそうなった」とか「自然の成り行き」というような使い方をすることがあるが、それが「じねん」の名残である。

ところが今日の私たちには「じねん」よりは「しぜん」の方がわかりやすい。「しぜん」の誕生から百年がたつうちに、「しぜん」という概念が私たちの社会に定着してしまったのである。ところがそのことによって、自然と人間を分けることなくとらえていた考え方が、わからなくなってしまった。それは自然と人間を分けることなくつくられていた日本の基層的な文化がわからなくなったことを意味する。私たちの社会がもっていた記憶が消滅してしまったのである。

日本のように植民地にならなかった国、日本語が残った国でもこのようなことがおこる。とすると、元々の言語が消滅してしまった国では、どれほど大きな記憶の消滅が発生していたことだろうか。

近代以降の戦争にはこのような面が付着している。支配圏を拡大するとは、被支配圏にされた社会の人々の記憶を損傷させ、消滅させることに他ならない。

私はときどき日米戦争はいつ終わったのだろうかと考えることがある。年表をみれば、それは一九四五年の八月一五日のことだと書いてあるだろう。もちろん沖縄の人々にとって敗戦はもう少し早いのだけれど、これは戦闘行為が終わったときのことである。ところが近代的な戦争は、戦闘行為がすべてではない。なぜなら戦うことに目的があるのではなく、戦争の目的はその地域を自己の支配圏とすることにあるからである。従って戦争は「開戦」の前からはじまる。さまざまな圧力をかけ、戦わずして屈服させることがここでの第一の目的である。とともに第二に「開戦」後のスムーズな展開と、その後の支配を「正統」なものととらえさせていくための国内、国外の世論工作がここではおこなわれる。イラク戦争でいえば、この過程でフセイン政権は大量破壊兵器を持った危険な独裁者というイメージがつくられ、イラクに自由と民主主義をもたらすことは、イラク国民のみならず世界の平和にとっても欠かすことのできないものだ、という方向での国内、国際世論が形成されていっている。いわばこのことによって、戦闘とその後の支配に正統性があたえられた（はずだった）のである。

こうして戦闘がはじまる前から開始されていた戦争は、戦闘が終わったからといって終了するわけではない。むしろそこから本番がはじまるといってもよい。自己の支配圏の確立という本番が、である。社会制度の改革や復興のための「援助」などがはじまり、勝利者はあらゆる方法を使ってその地域を自己の支配圏として再編しようとする。ここでもっとも重要になるのは、人々の精神の改造であろう。そしてそれらが完了したとき、現代の戦争はその目的を終了するのである。

とすると日米戦争はいつ終わったのか。間違いなく一九四五年八月一五日ではないだろう。終了したのは一九四五年よりずっと後のいつか、である。日本の人たちの精神が改造され、アメリカの経済、政治、軍事システムが「正しい」ものとして受け入れられるようになったとき、日米戦争は終了した。その時期は一体いつだったのか。

現代の戦争はこのようなかたちで展開する。だから戦争は軍や兵士だけの仕事ではない。戦闘がはじまる前からおこなわれているさまざまな仕事があり、戦闘終了後にもさまざまな仕事が展開する。もちろん前記したように、戦闘の過程でもその周囲にはいろいろな「民間の仕事」が展開している。ここに戦争という仕事の全容がある。

だから戦争は兵士だけでなく、さまざまな仕事をしている人々にいろいろな「チャンス」を与えるのである。もちろん軍需産業にも「よい機会」が与えられる。だがそれがすべてではない。日米戦争のような「帝国主義戦争」や侵略する側の人々は、けっして戦争の犠牲者ではない。彼らが犠牲者になるのは計画通り戦闘が進行せず、自分たちに被害が発生したときであって、もしもそういう展開にならなければ、戦争はむしろ可能性を開いてくれる「チャンス」の到来なのである。そしてだからこそアメリカでは戦争の開始は国民の熱気ある支持に迎えられてきた。

戦争の最終的な勝利は、その地域を支配し、その地域の人々が支配者の説く「真理」に普遍的な「真理」があると感じ、支配者の持ち込んだ社会・政治システムを進歩的なシステムと感じる、つまり自発的に支配者に融合していく状態がつくりだされることによって完成する。そしてそれが実現することは、その地域の人々がそれまでもっていた記憶が解体されること、つまり記憶が消滅することなのである。現代の戦争はその地域の人々の記憶が消滅することによって、最終的に勝利する。

ところでこのように戦争を規定してみると、私たちはそれが今日の経済活動のなかで日常的におこなわれていることだということに気がつく。経済活動は市場を必要とする。いわば絶えざる市場開拓が経済活動ではおこなわれる。とすると市場開拓とは一体何なのであろうか。それはその商品やサービスが欲しいという気持ちを人々が抱く環境をつくることであり、あるいはその商品やサービスがなければ成り立たない社会をつくりだしていくことである。

良い悪いは別にして、女性の社会進出が拡がれば「家事」の合理化は避けられなくなるだろう。そうすれば家庭用電気製品の市場は拡大する。そして多くの家で電気製品が保有されるようになれば、こんどは電気製品を買うために働きに出る人たちが増えていく。そしてふと気がつくと電気製品がなければ生活が成り立たない社会がつくられている。

もちろん私は女性の社会進出に反対ではない。だが企業の目的はそれによって新しい市場をつくり、経済活動を拡大することにあるのであって、女性の社会での役割を考え直した結果ではない。

市場の拡大はひとつの価値意識を多くの人たちに共有させることによって実現する。それを持つことが進歩だと感じたり、そこに格好良さを感じたり、そういう意識を多くの人が共有するとき、その商品やサービスは市場を拡大していくのである。そして最終的には、それがなければ成り立たない社会をつくりだすこと。ここにこそ市場開拓の方法があるといってもよいだろう。そのために多くの広告、ドラマ、音楽、情報などがもたらされ、人々の意識が変えられていく。それまでの暮らしが古く、つまらないものだと感じられ、新しく提供された暮らしに自由や進歩を感じる。そういう人々が大量に登場することによって、市場は拡大していくのである。

とするとここでおこなわれていることも記憶の消滅なのではないだろうか。それまでの記憶を解体し消滅させる。そして新しい価値意識をもたせる。そのことによって市場は拡大し、企業は自己の支配圏を拡大していくのである。経済活動としておこなわれていることと戦争というかたちでおこなわれていることとは、軍事力を用いるか否かという大きな違いはあっても、その基礎にある思想は同質性があるといってもよい。

私たちはなぜ戦争が続く時代に生きているのか

戦争という出来事だけを取り上げれば、多くの人たちは戦争に反対するだろう。人間や自然を大量に破壊し、殺していく行為が戦争である以上、戦争は肯定できない行為である。

ところがそういうことはわかっても、私たちの世界から戦争はなくならない。一体なぜなのか。

この問いに対して、これまでの多くの答えは人間の「意識の低さ」を嘆くものであった。だがそのことによっては何も解決しなかったのである。私はその理由をこれまでの戦争のとらえ方自体の不十分さに求める。

戦争をひとつの仕事としてとらえてみるという本稿の方法は、現代の戦争を考察するひとつの試みである。そしてこの方法を用いるとき、現代の戦争が非日常、つまり異常事態として発生しているのではなく、日常的な経済活動と強い同質性をもっていることに気づかされる。仕事として私たちが日常おこなっていることが、より強力で明確なかたちで現れてくるのが現代の戦争である。

イラク戦争が起こり、自衛隊の派遣が決まったとき、私はひとつのことに不気味さを感じた。良いも悪いも日本の戦後史にとって画期的な出来事だというのに、推進派からも反対派からも熱気のようなものが感じられないのである。もちろん私はそのような立場はとらないが、推進派の人々からは、これで「戦後の呪縛」から解放されるという熱気に満ちた歓迎があってもよかったはずである。逆に反対派の人々からはこれを許したらとんでもないことになるという熱気を帯びた反対があっても不思議ではない。ところがそのどちらもがなかった。淡々と事は運んだだけであった。多数派は賛成もできないがいまの国際関係を考えれば仕方ないか、というような対応に終始していた。ここにあるのは何となく承認されていく構図である。

何かがおかしいのである。この様子をみているうちに、私はここにこそ現代の戦争の一面があるのかもしれないと思うようになった。自分たちの日常世界からあまり遠くないところに戦争はあったのではないか。日常世界が淡々と過ぎていくように、戦争もまた淡々と受け入れていくような精神世界がすでに成立していたのではないか。ただしその精神世界とはイデオロギー的なものでも、いわゆる思想的なものでも、政治的なものでもない。日々の営みとともにあるものである。

市場経済をとおして展開されている自分たちの仕事の世界と戦争という仕事の間に根本的な違いがない。そのことに無意識のうちに気づいているからこそ、私たちの社会は戦争に対して淡々と対応していただけだったのではないか。とすると世界から戦争をなくそうとするなら、戦争という仕事と同質性をもった私たちの仕事の世界をつくりなおさなければいけないということになる。

戦争は、そのような意味でも、私たちの日常世界がつくりだすものである。

あとがき

本書は二〇〇七年にフェリス女学院大学国際交流学部が学部創設十周年を記念し、横浜市の委託を受けて実施した横浜市民大学での講演をまとめたものである。講師の方々に内外における平和へのさまざまな取り組みについて報告していただいた。約六十名の受講者は大半が近在の市民とフェリスの学生である。受講者からは、いずれの報告とも新鮮で多くの刺激と力を与えられたとの感想が寄せられた。平和に関心のある、より多くの人びとに読んでもらうために各講師のご理解を得て出版することになった。

私はフェリスで平和に関する講義を担当しているが、地域の社会や人びとと連携・協力を深めることの必要性を痛感している。平和を追求する国際交流・協力がたんなる教養として講義の中だけに留まっていては意味がない。いかに日常生活に生かし実践するかである。実際、学生は世界の平和に大きな関心をもち、心を痛めている。マグロをはじめ、ふだん私たちが食べている食料資源が急速に枯渇していること、電化製品に囲まれた便利な生活で地球温暖化が進み太平洋の島国が水没の危機に直面していること、スーパーに溢れかえる格安商品の裏に児童労働が見え隠れすることなどなど。しかし、ひとたびキャンパスを出ると、こうした意識を持ち続け、実践の場を見つけるのは決して容易ではない。

それは今日、地域社会が崩壊し、一人ひとりが分断され、あふれる情報に埋没してしまうからではないか。一人ひとりの思いが社会の声としてまとまり、変化を生みだす力とならないのだ。この背後にあるのはグローバリゼーションである。私たちの日常生活は世界の出来事とより直接的かつ密接に連結している。この「あとがき」を書いている時点では、米国のサブプライムローン問題に端を発する世界的な金融危機が経済恐慌を招きかねないとして国際社会の関心を一点に集めている。この問題は同時に物価高、雇用不安となって私たちの生活をも根底から脅かしている。前述のマグロの絶滅化、温暖化、児童労働の問題は私たちの持続が可能でない、大量生産・消費のライフスタイルにこそ大きな原因がある。その原因を取り除きたくても、どこから、どのように手をつけたらよいか、あまりに複雑にからまりあったグローバルという糸を解きほごすうちに立ちすくんでしまう。

これには国内の政治状況も大きく関係している。グローバル化により世界の出来事はいやおうなく私たちの生活を直撃するが、私たち国民の意思をグローバルな政治に反映させる力が限りなく弱い。安倍、福田と首相は二代続けて政権を途中で放り出し、国民の安心・安全を守る立場の政府機関は年金を改ざんし、企業による食品や建築の偽装はとどまるところを知らない。イラク戦争では、国民の多数が反対したにもかかわらず、小泉元首相はいち早く米国支持を表明した。結局、戦争の大義であった大量破壊兵器は存在せず、いまも米国はイラクを占拠し続けている。政府が国民の意思を迅速かつ的確に把握し、それを政策に反映し、国際的に発信していくという機能が働かないのである。

そうしたなか、フェリス大学自体が地域社会を創り出す拠点となり、学生と地域住民が一緒になってグローバルな動きに呼応しつつ社会的な役割をになえるのでは、との思いを強くし、試行錯誤をしている。地震や津波など自然災害が内外で発生すると、学生と教職員が自発的に駅前や学内で募金活動をし、赤十字やNGOを通して被災者に届ける。私はゼミ生と一緒に四年前にフェリス・フェアトレード（FFT）を立ち上げた。横浜市内のフェアトレード会社、ネパリ・バザーロの協力を得て、大学祭や世界フェアトレードデーにフェアトレードの啓発をし、学生・教職員にコーヒー・紅茶などを販売する。それによって得たわずかな収益は、ネパールの紅茶生産者の女子が高等看護教育を受けるための奨学金に役立たせてもらっている。

きれいごとでない、本物の国際交流・協力を行うには、やはり、自らの生活そのものについて知ることが出発点である。毎日の食事の材料や着ているものが、どこで、だれによってつくられたのか。国際的な流れとともに、国内でのそうした動きについて理解を深めることである。フェアトレードの国内版ともいえる「地産地消」に積極的に関心をもち、生活に取り込んでいくのも一案である。

こうしたフェリスの国際交流・協力の活動の輪に地域の人々を巻き込み、一緒に取り組めないだろうか。「国際協力」という言葉に威圧されることなく、身近にでき、しかも自己満足にとどまらず、やがて、より公平で平和な世界の秩序や制度の構築にささやかながらも参加できるような市民レベルの国際交流・協力を今後とも模索していきたい。

馬橋憲男

執筆者紹介

石田勇治（いしだ・ゆうじ）
東京大学教授。『過去の克服——ヒトラー後のドイツ』（白水社）、『20世紀ドイツ史』（白水社）、『図説ドイツの歴史』（共編著、河出書房新社）など

伊藤千尋（いとう・ちひろ）
朝日新聞記者、元中南米特派員。『反米大陸』（集英社新書）、『たたかう新聞「ハンギョレ」の12年』（岩波ブックレット）、『太陽の汗、月の涙——ラテンアメリカから問う』（すずさわ書店）、『活憲の時代』（シネフロント）など

内山節（うちやま・たかし）
哲学者。『時間についての十二章』（岩波書店）、『貨幣の思想史』（新潮選書）、『戦争という仕事』（信濃毎日新聞社）など

馬橋憲男（うまはし・のりお）
フェリス女学院大学国際交流学部教授。『グローバル問題とNGO・市民社会』（共編著、明石書店）、『新しい国連——冷戦から21世紀へ』（共編著、有信堂）、『国連とNGO——市民参加の歴史と課題』（有信堂）など

シルビア・ゴンサーレス
神田外語大学スペイン語学科准教授、メキシコ人ジャーナリスト。主著 *Hiroshima: la noticia que nunca fue* (2004, Mérida, Venezuela)

佐藤安信（さとう・やすのぶ）
東京大学教授、弁護士。元UNTAC人権担当官、UNHCR法務官。『はじめて出会う社会学』（分担執筆、有斐閣アルマ）、『人間の安全保障』（分担執筆、東京大学出版会）など

寺尾隆吉（てらお・りゅうきち）
フェリス女学院大学国際交流学部准教授、現代ラテンアメリカ文学専攻。『フィクションと証言の間で——現代ラテンアメリカにおける政治・社会動乱と小説創作』（松籟社）など

横山正樹（よこやま・まさき）
フェリス女学院大学国際交流学部教授（平和学・アジア太平洋地域における開発と環境問題の平和研究）。『フィリピン援助と自力更生論』（明石書店）、『平和学の現在』『環境平和学』（ともに共編著、法律文化社）など

フェリスカルチャーシリーズ6

平和に向けて歩む人々

――戦乱の記憶を乗り越えて

発行　：2009年3月15日　初版第1刷750部

定価　：2,400円＋税

編者　：寺尾隆吉、馬橋憲男

装丁　：有賀強

発行者：北川フラム

発行所：現代企画室

150-0031　東京都渋谷区桜丘町15-8-204

Tel. 03-3461-5082　Fax. 03-3461-5083

e-mail. gendai@jca.apc.org　http://www.jca.apc.org/gendai/

印刷所：中央精版印刷株式会社

ISBN 978-4-7738-0901-5 C0036 Y2400E

本書は、2007年度フェリス女学院大学横浜市民大学講座（生涯学習課・国際交流学部）における講義内容をもとに編集・構成されています。